LEVANTE

GEMEINSAM
orientalisch
GENIESSEN

GEMEINSAM *orientalisch* GENIESSEN
LEVANTE
100 Rezepte für opulente Mezze-Buffets
EMF
EIN BUCH DER EDITION MICHAEL FISCHER

INHALTS-
verzeichnis

SHAWARMA … KOMPLETT 113

FALAFEL-BAR 123

LEVANTE

GEMEINSAM *orientalisch* GENIESSEN

Levante-Küche – unter diesem verheißungsvollen Namen bricht sich gerade ein neuer Foodtrend die Bahn. Doch was ist das Neue und Besondere an dieser Küche des Nahen Ostens?

Bereits vor rund dreißig Jahren begeisterte mich der erste Besuch in einem libanesischen Lokal in London. Seitdem esse ich leidenschaftlich gerne Falafelsandwichs auf die Hand, Hummus aufs Brot und Mezze zu Hause mit Freunden. Und ebenfalls schon vor zehn Jahren manifestierte sich meine Liebe zu orientalischer Küche endgültig, als ich das damals gerade neu erschienene, erste Kochbuch von Yotam Ottolenghi erstand, begierig las und mehr oder weniger durchkochte.

In Ottolenghis Buch findet sich im Prinzip bereits vieles, was mich an der neuen, heute so angesagten Levante-Küche unglaublich fasziniert: das im mehrfachen Wortsinn grenzenlose Interesse an den unterschiedlichsten Küchen des Nahen Ostens, die Kenntnis ihrer Traditionen und der absolut freie und kreative Umgang damit. Denn die heutige Levante-Küche geht weit über die traditionellen Gerichte der unterschiedlichen Regionen hinaus. Vielmehr bedienen sich junge, inspirierte Köche spielerisch aus dem Repertoire der teils mediterran, teils morgenländisch geprägten Küchenkultur, ihrer besonderen Zutaten und speziellen Zubereitungsweisen und fügen einzelne Elemente daraus auf neuartige, zeitgemäße Weise zusammen. Das Ergebnis: eine wunderbar frische und absolut fantastisch schmeckende Fusionsküche mit viel Gemüse, Gewürzen und Aromen. Vieles davon wie beispielsweise Falafel und Hummus ist uns schon länger vertraut. Nicht zuletzt mit den Flüchtlingen aus Syrien und dem Irak kamen neue Aromen und eine andere, ungewohnte Art zu essen nach Deutschland: In vielen trendigen Lokalen zelebriert man inzwischen die spannende Küche der Länder des östlichen Mittelmeers mit ihren orientalischen Gewürzen und mediterranen Zutaten.

Auch die ganz andere Art und Weise zu essen macht die Levante-Küche für mich ungemein attraktiv: Das ungezwungene Beisammensein an einer gemeinschaftlichen Tafel, bei der sich jeder ganz nach Lust und Laune bedienen kann. Am besten mit den Fingern, frei und ohne einengende Etikette und feste Menüfolge. Eine wunderbare Möglichkeit, mit Familie und Freunden zu essen, zu feiern und zu genießen. Alle essen an einer (Mezze-)Tafel, an einem Tisch vereint – egal ob Vegetarier, Veganer, Fleischesser oder Low-Carb-Fan. Für jeden ist gesorgt, jeder bekommt, was er braucht und mag. Eine versöhnliche, offene Küche, die verbindet, zusammenführt und die Hoffnung macht auf eine gemeinschaftliche Zukunft, in der jeder seinen Platz und eine Heimat findet.

DIE NEUE LEVANTE-KÜCHE

EIN BLICK IN DEN ATLAS

Mit „Levante" bezeichnete man früher den Osten, das sogenannte „Morgenland", in dem die Sonne aufgeht (lateinisch „levare": sich erheben, aufgehen) und meinte damit im weitesten Sinne die Länder des östlichen Mittelmeers. Im engeren Sinn fasste man damit die Gebiete der heutigen Staaten Israel, Palästina, Libanon, Syrien, Jordanien und die türkische Provinz Hatay zusammen. Sprechen wir heute von Levante-Küche, richtet sich unser Blick vor allem nach Israel, einem wahren Schmelztiegel unterschiedlichster Völker und Nationen: Juden aus aller Herren Länder fanden dort ebenso eine neue Heimat wie Flüchtlinge aus den Krisengebieten des Nahen Osten. In diesem bunten Völkergemisch mit unterschiedlichsten Traditionen, Lebens- und Essgewohnheiten bildete sich die Kernzelle dessen, was wir heute als eine neue Levante-Küche kennen und lieben lernen: eine bunte Mischung vor allem orientalischer und mediterraner Küchentraditionen aus besten frischen Zutaten, die vor allem durch junge und ambitionierte israelische Köche immer weiterentwickelt wird.

NEU UND ANDERS

Vieles kommt uns zu Recht bekannt vor: Hummus, Shawarma oder Döner und Falafeln kennen wir schon lange – und oft nur von der Imbissbude nebenan. Aber plötzlich taucht in den letzten Jahren eine Vielzahl neuer Trendgerichte auf, darunter ein Gericht namens Shakshouka, für das Eier einfach aufgeschlagen in würziger Tomatensauce gegart werden; es gibt neuerdings Rote-Bete-Falafeln und Kürbishummus, Huhn wird mit Sumach und Zatar gewürzt und Grünkohl mit Granatapfel kombiniert. Die neue Levante-Küche ist und schmeckt in vielen Punkten noch einen Twist anders, als wir es von orientalischer Küche bisher gewohnt waren. Experimentierfreudige Köche nutzen, erforschen und erkunden einerseits die traditionellen Küchen des Morgenlandes. Gleichzeitig formen sie aber klassische Rezepte äußerst spielerisch um, mischen und ergänzen sie nach ihren Vorstellungen. Das Ergebnis: eine spannende, dynamische Fusionsküche, die weit mehr ist als die Traditionsküche einer bestimmten Region, deren Gerichte schon jahrhundertlang im immer selben eigenen Saft schmoren.

WÜRZIG UND VOLLER AROMA

Wer im neuen Levante-Stil kochen möchte, sollte daher unbedingt sein Gewürzregal erweitern: Kreuzkümmel, Kardamom und Zimt dürften vielleicht schon darin stehen, aber jetzt wird es Zeit, auch Sumach, Zatar und Baharat willkommen zu heißen! Es ist gar nicht so unendlich viel Neues, aber eben doch mehr als Salz und Pfeffer, das dieser Küche Würze und Pep verleiht. Ungewohnte Kombinationen aus Chilischärfe, saurem Sumach und süßem Granatapfel eröffnen neue Aromenwelten, die uns an so viel mehr als Tausend und eine Nacht denken lassen. Sesam öffnet sich und bringt mit Tahin, Granatapfelmelasse und Berberitze weitere bisher verborgene Schätze des Orients in unsere Küchen. Kraftvolle, aromatische Gewürze, aber auch der verschwenderische Umgang mit frischen, auch mediterranen Kräutern macht die Küche der Levante einzigartig.

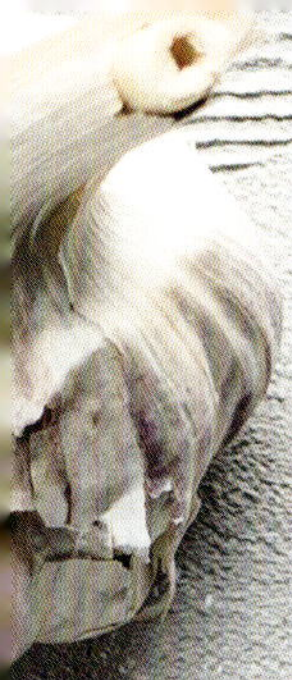

FRISCH UND GESUND

Viel frisches Gemüse, das in Israel, Palästina und dem Libanon in bester Qualität und im großen Stil angebaut wird, macht das Herzstück der dortigen Küche aus. Nicht nur Vegetarier werden begeistert sein von Blumenkohl, der mit Gewürzpaste bestrichen im Ganzen im Ofen gegart wird, der traditionellen Auberginencreme Baba Ganoush oder Zaalouk, der chilischarfen Variante aus Nordafrika. Die Levante-Küche ist dank viel Gemüse, knackigen Salaten und Kräutern leicht und frisch, sodass jeder Gast sogar nach einer opulenten Mezze-Tafel trotzdem nicht träge und satt, sondern munter beschwingt nach Hause geht. Viel Gemüse, etwas Fleisch, Hülsenfrüchte wie Bohnen und Kichererbsen, dazu gesunde Fette wie Olivenöl, Nüsse und Saaten machen die Levante-Küche genau wie ihre mediterrane Verwandtschaft zu einer ausgewogenen und gesunden Küche.

GESELLIG UND GASTFREUNDLICH

Bunt, offen und gastfreundlich, auch das bedeutet Levante-Küche. Nicht zuletzt, weil ihre Gerichte einfach ideal sind für lässigen, entspannten Genuss, den man mit vielen teilen kann: Eine einladende Mezze-Tafel mit verschiedensten kleinen Gerichten bietet für jeden etwas: Egal ob Vegetarier oder Veganer, Fleischesser, Low-Carb-Fan oder Rohköstler – alle sitzen versöhnlich vereint an einer Tafel und genießen gemeinsam. Auch das ist typisch: Alles kommt zusammen auf einen Tisch, jeder bedient sich ungezwungen mit den Händen und hat die Möglichkeit, von allem gleichzeitig zu probieren. Das sieht bei einem europäisch geprägten Mehr-Gänge-Menü ganz anders aus, wo man mit Messer und Gabel hantiert, jeder dasselbe zum selben Zeitpunkt auf dem Teller hat, und der Gastgeber zwischen Küche und Esstisch hin- und herspringen und auftragen muss.

GENIESSEN WIE IN DER LEVANTE – EINE KLEINE GEBRAUCHSANWEISUNG

Dieses Buch ist eine Anleitung zum gemeinsamen Genießen, zum Einladen und (Mit-) Feiern: Die meisten Gerichte sind so ausgelegt, dass sie alleine 4 Personen satt und glücklich machen. Kommen mehr Leute dazu, sollte man es wie bei einer orientalischen Mezze-Tafel halten, bei der entsprechend mehr Schälchen aufgetragen werden. Einfach ein weiteres Rezept dazunehmen – aus demselben oder aus einem anderen Kapitel. So kommt Vielfalt zustande, und jeder Gast findet garantiert etwas Passendes. Idealerweise kombiniert man innerhalb einer Levante-Tafel kalte und warme Gerichte, etwas mit Fisch, Fleisch und ganz viel mit Gemüse in Form von Salat, gegartem und eingelegtem Gemüse. Dazu Dips und Cremes, Saucen und kleine Knabbereien und natürlich Brot, das in vielen Fällen dann auch das Besteck ersetzt. Wer sich nicht gleich traut, selber zu kombinieren, lädt zur vorgeschlagenen Veggie-Mezze-Tafel des ersten Kapitels oder baut ein Shawarma-Buffet (s. S. 113), bei dem sich jeder von den vorbereiteten Zutaten selbst seinen gefüllten Fladen nach Belieben zusammenstellt. Zusätzlich gibt es in jedem Kapitel Angaben, was sich hier idealerweise noch aus den anderen Kapiteln dazu kombinieren lässt; oder im Sinne der Arbeitserleichterung auch einmal fertig zukaufen lässt. Damit auch der Gastgeber ohne Stress mitfeiern kann, lassen sich viele (vor allem kalte Gerichte) wunderbar vorbereiten.

VEGGIE-
Mezze

... UND KEINER VERMISST FLEISCH

VEGGIE-
Mezze

Mezze gelten zu Recht als Inbegriff orientalischer Gastlichkeit, bei der gemeinschaftliches Essen und lockeres Zusammensein ganz im Vordergrund stehen. Je nach Land, Region oder Lokal werden die kleinen Häppchen in vielen Schälchen auf einer gemeinschaftlichen großen Platte serviert oder lose in der Mitte des Tisches platziert, damit sich die gesamte Tafelrunde bequem bedienen kann. Mezze können dabei Vorspeise und opulenter Auftakt eines mehrgängigen Essens sein. Genauso oft sind sie aber auch der einzige Menüpunkt. Es gibt einfach Mezze und im Verlauf des Abends werden immer weitere, neue Schälchen aufgetragen. Jeder nimmt sich, worauf er Lust hat, ganz ungezwungen mit den Fingern oder einem Stückchen Brot, mit dem Dips oder Häppchen mit Sauce aufgenommen werden können. Viele der typischen Mezze-Klassiker sind vegetarisch, z.B. Hummus, Baba Ganoush (s. S. 133), Muhammara (s. S. 22), Labneh oder Falafeln – genau richtig, um mit einer Veggie-Mezze-Tafel zu starten!

Bei Mezze vermisst niemand Fleisch, und Vegetarier werden doppelt glücklich, weil es nicht nur jede Menge Gemüse gibt, sondern auch Milchprodukte oder pflanzliches Eiweiß in Form von Bohnen, Linsen oder anderen Hülsenfrüchten. Wie bei jeder guten Mezze-Tafel ist es mir wichtig, dass sich Farben, Konsistenzen und Aromen der Gerichte ergänzen: Ein paar cremige Dips, etwas Knuspriges zum Knabbern und Gemüse auf unterschiedlichste Weise gegart. Die Gerichte der einzelnen Kategorien lassen sich natürlich einfach mit beliebigen anderen aus dem Buch tauschen oder ergänzen. Dazu gibt es am besten reichlich (türkisches) Fladenbrot oder auch mal Simmit (türkische Sesamkringel). Damit es etwas leichter, knackig und frisch wird, reiche ich gerne noch Rohkost, mit der prima gedippt werden kann: Staudensellerie, Möhren, Gurken, Radieschen und Tomaten passen immer. Oliven, eingelegtes Gemüse und (gesalzene) Nüsse zum Knabbern kommen bei mir gleich mit auf die Platte, bei mehr Gästen zusätzlich noch Schafskäsewürfel oder gebratene Halloumischeiben. Und wenn einmal die Zeit nicht reicht, werden noch gefüllte Weinblätter oder Antipastigemüse dazugekauft.

Was noch dazu passt

Falafeln (s. S. 126) | Hummus (s. S. 74) | Labneh (s. S. 88) | Burikas (s. S. 28) | frischer Salat | Israeli-Gemüsepickles (s. S. 98), schnelle Gurkenpickles (s. S. 98), Rosa-Rüben-Pickles (s. S. 130), eingelegte Sumach-Zwiebeln (s. S. 131) | Fladenbrot oder Simmit | Arak, Raki oder Ouzo mit gekühltem Wasser

HARISSA

Die scharfe rote Würzpaste, deren Hauptbestandteile Chilis, Knoblauch und unterschiedliche Gewürze sind, stammt ursprünglich aus Nordafrika. Sie ist in allen arabischen Ländern und Israel weit verbreitet und sollte, ähnlich wie Chili, nach persönlichem Schärfeempfinden dosiert werden.

MUHAMMARA

Der würzige Paprika-Dip stammt aus der syrischen Küche. Er wird einfach auf Brot gegessen oder zu gegrilltem und gebratenem Fleisch gereicht.

ZAALOUK

Diese scharfwürzige Chili-Auberginen-Creme stammt ursprünglich aus Marokko. Sie wird dort gekühlt einfach zu Brot gegessen, passt aber auch toll zu Gegrilltem.

1 GEFÜLLTE *Datteln*

30 g Berberitzen (s S. 33)
Saft von 1 Orange
80 g Walnusskerne
200 g Labneh (s. S. 88, alternativ cremiger Ziegenfrischkäse)
Salz – Pfeffer
½–¾ EL Ras el Hanout (s. S. 116)
½ TL gemahlener Zimt
2 Msp. Chilipulver
24 frische oder große getrocknete Datteln (Medjool)
½ TL Paprikaflocken zum Dekorieren (nach Belieben)

1. Die Berberitzen mit dem Orangensaft in einem kleinen Topf kurz aufkochen, dann etwa 10–15 Minuten auskühlen und ziehen lassen. Inzwischen Walnüsse grob zerbrechen und in einer Pfanne ohne Fett leicht braun rösten. Herausnehmen und abkühlen lassen, dann im Blitzhacker oder von Hand grob zerkleinern.

2. Berberitzen in ein Sieb abgießen und leicht ausdrücken, dabei den Orangensaft auffangen. Labneh oder Frischkäse mit Berberitzen und Walnüssen (ca. 1 EL davon als Deko zurückbehalten) verrühren. Mit Salz, Pfeffer, Ras el Hanout, Zimt und Chilipulver würzen.

3. Die Datteln längs einschneiden und den Kern herauslösen, dabei die Dattelhälften leicht auseinanderpressen. Mit einem spitzen Messer jeweils reichlich Frischkäse in die Öffnung einer Dattel geben (die Füllung dabei etwas aufhäufen) und die Dattel dann wieder leicht zusammendrücken. Alle Datteln auf diese Weise füllen. Mit den übrigen Walnüssen und nach Belieben mit Paprikaflocken bestreuen.

2 GEWÜRZTE *Knabbernüsse*

1 EL Öl
1 EL Honig
1 ⅓ TL Zucker
1 EL Zitronensaft
1 TL gemahlener Kreuzkümmel
½ TL gemahlener Koriander
1 TL Ras el Hanout (s. S. 116)
2 Msp. Chilipulver
Salz – Pfeffer
250 g geschälte Haselnusskerne (alternativ geschälte Mandeln)

1. Den Backofen auf 160 °C (Ober-/Unterhitze) vorheizen. Öl, Honig, 1 TL Zucker und Zitronensaft verrühren. Die Gewürze separat mit etwas Salz und reichlich Pfeffer mischen, dann 1 ½ TL davon unter die Ölmischung rühren. Die Nüsse gründlich im Gewürzöl wenden und auf einem mit Backpapier ausgelegten Blech verteilen. Etwas Gewürzmischung darüberstreuen und leicht salzen.

2. Die marinierten Nüsse im heißen Ofen (Mitte) 15–18 Minuten dunkelbraun rösten, dabei nach etwa 7 Minuten einmal durchrühren, mit etwas Gewürzmischung und dem übrigen Zucker bestreuen und weiterrösten. Am Ende gut im Auge behalten, damit die Gewürze nicht anbrennen und schwarz werden. Die Nüsse herausnehmen, auf dem Blech auskühlen lassen und in eine luftdicht verschließbare Dose füllen.

3

GRÜNKOHL-*Chips*

200 g Grünkohl (feste Blätter)
2 EL Tahin (s. S. 125)
3 EL Zitronensaft
½ TL gemahlener Kreuzkümmel
2 Msp. Chilipulver
Salz – Pfeffer

1. Den Backofen auf 100 °C (Umluft) vorheizen. Grünkohl waschen und die Blätter von den Blattrippen zupfen, gut trocken schleudern und in kleine, mundgerechte Stücke zerpflücken. Tahin mit Zitronensaft, 4–5 EL Wasser, den Gewürzen und 1 kräftigen Prise Salz gründlich in einer großen Schüssel verrühren. Den Grünkohl hineingeben und die Tahin kräftig mit den Händen einkneten, bis die Blätter rundum überzogen sind.

2. Die Grünkohlblätter auf ein mit Backpapier ausgelegtes Blech geben und gut verteilen, damit sie schön knusprig werden. Im heißen Ofen (Mitte) ca. 1 Stunde – 1 Stunde 15 Minuten trocknen, dabei nach gut der Hälfte der Zeit mit einem Löffel durchrühren und auflockern. Abkühlen lassen und in einer luftdichten Dose aufbewahren.

4 CHILI-AUBERGINEN-CREME

Zaalouk

4 große Auberginen
2 Knoblauchzehen
3 EL Olivenöl
1 TL gemahlener Kreuzkümmel
¾ TL gemahlener Koriander
1 TL edelsüßes Paprikapulver
½ TL Chiliflocken
1 Dose stückige Tomaten (400 g Füllgewicht)
Salz – Pfeffer
½ TL Zucker
1–2 EL Zitronensaft
3 EL gehacktes Koriandergrün

1. Den Backofengrill vorheizen und ein Backblech mit Alufolie auslegen. Die Auberginen waschen und mit einem spitzen Messer mehrmals ringsum tief einstechen (ansonsten könnten sie in der Hitze des Ofens „explodieren"). Auf das Blech legen und (oben) 45–60 Minuten grillen, dabei jeweils nach 15–20 Minuten wenden – am Ende sollte das Innere ganz weich sein und die Schale eingefallen und trocken wirken.

2. Die Auberginen herausnehmen, in ein Sieb legen und etwas abkühlen lassen. Dann halbieren, das Fruchtfleisch mit einem Löffel aus der Schale kratzen und kleiner schneiden. Knoblauch schälen und fein hacken.

3. Öl in einem großen Topf leicht erhitzen, Knoblauch und Gewürze zugeben und bei kleiner Hitze andünsten, bis der Knoblauch goldgelb ist – aufpassen, dass die Gewürze nicht verbrennen. Tomaten zugeben, salzen, pfeffern und offen bei mittlerer Hitze 15–20 Minuten sämig einkochen lassen.

4. Das Auberginenfleisch unterrühren und nochmals 10 Minuten mitgaren. Mit Zucker, Salz, Pfeffer und Zitronensaft abschmecken, vom Herd nehmen, leicht abkühlen lassen, dann den Koriander unterrühren. Die Auberginencreme schmeckt kalt oder lauwarm, zu Brot, Eiern, aber auch gegrilltem Fleisch.

5 PAPRIKA-DIP

Muhammara

4 rote Paprika
50 g Walnusskerne
50 g türkisches Fladenbrot
1 Knoblauchzehe
1 EL Zitronensaft
1 ½ EL Granatapfelmelasse (s. S. 150)
1 TL gemahlener Kreuzkümmel
3 EL Olivenöl
½ TL Pimentón de la vera
¼ TL Chilipulver
Salz – Pfeffer

1. Den Backofen auf 250 °C (Ober-/Unterhitze) vorheizen. Die Paprika längs vierteln, putzen, waschen und mit der Hautseite nach oben auf ein mit Backpapier ausgelegtes Blech legen. Die Schoten im heißen Ofen (oben) 25–30 Minuten rösten, bis die Haut dicke, schwarze Blasen wirft. Herausnehmen, in eine Schüssel übereinanderlegen und mit einem feuchten Tuch abdecken. Etwas abkühlen lassen, dann die Haut mit einem Spitzmesser abziehen.

2. Währenddessen die Walnusskerne in einer Pfanne ohne Fett leicht braun rösten, dann herausnehmen und abkühlen lassen. Brot in Stücke zupfen und im Blitzhacker grob zerkleinern. Knoblauch schälen und nicht zu klein hacken.

3. Die Paprika mit Walnüssen, Knoblauch, Brotkrümeln, Zitronensaft, Granatapfelmelasse, Kreuzkümmel, Öl, Pimentón de la vera und Chilipulver grob zerkleinern oder nach Belieben cremig pürieren. Mit Salz, Pfeffer und übrigem Zitronensaft würzen.

6

Scharfe
ROTE-LINSEN-CREME

1 Zwiebel
1 Knoblauchzehe
15 g frischer Ingwer
3 EL Olivenöl
1 EL Tomatenmark
1 TL gemahlener Kreuzkümmel
150 g rote Linsen
400 ml Gemüsebrühe
Salz – Pfeffer
1 TL Harissa (s. S. 19)
2–3 Spritzer Zitronensaft
2 EL gehacktes Koriandergrün

1. Die Zwiebel schälen und fein würfeln, Knoblauch und Ingwer schälen und fein hacken. Olivenöl in einem Topf erhitzen, darin die Zwiebel goldgelb andünsten. Knoblauch und Ingwer dazugeben und kurz andünsten, dann Tomatenmark unterrühren und kurz mitrösten. Kreuzkümmel und Linsen dazugeben, kurz anbraten, dann mit Brühe ablöschen.

2. Zugedeckt bei mittlerer Hitze 20–25 Minuten garen, bis die Linsen weich und sämig sind, mit Salz und Pfeffer würzen. Die Linsen in ein Sieb abgießen, dabei die Garflüssigkeit auffangen. Linsen mit dem Pürierstab oder der Küchenmaschine fein pürieren, dabei gerade so viel Garflüssigkeit zugeben, bis eine cremige Konsistenz erreicht ist. Mit Harissa, Zitronensaft und eventuell nochmals Salz und Pfeffer abschmecken. In ein Schälchen füllen, lauwarm oder kalt abkühlen lassen und mit frischem Koriander bestreut servieren.

7

AUBERGINEN MIT *Granatapfel-Joghurt*

4 kleine Auberginen

1 Knoblauchzehe

4–5 EL Olivenöl

Salz – Pfeffer

400 g griechischer Joghurt (10 % Fett)

1 TL gemahlener Kreuzkümmel

1 kleiner Granatapfel

⅓ Bund Koriandergrün

1. Den Backofen auf 220 °C (Ober-/Unterhitze) vorheizen. Die Auberginen waschen und längs halbieren, dabei den Stielansatz nicht entfernen. Knoblauch schälen und fein zerdrücken. Die Hälfte davon mit 3 EL Olivenöl verrühren. Auf der Schnittfläche der Auberginen diagonal mit einem Messer in ca. 1 cm Abstand knapp ebenso tiefe Streifen einschneiden, dabei am Rand nicht so tief, damit die Haut schön ganz bleibt. Dann von der anderen Seite ebenfalls diagonale Schnitte einschneiden, sodass ein gitterförmiges Muster entsteht. Die Auberginenhälften großzügig mit Knoblauchöl bepinseln, salzen und pfeffern.

2. Die Auberginen auf ein mit Backpapier ausgelegtes Blech legen und im heißen Ofen (Mitte) ca. 45 Minuten garen (dabei eventuell nochmals mit Knoblauchöl bepinseln), bis sie obenauf schön gebräunt und das Fruchtfleisch weich ist. Währenddessen den übrigen Knoblauch mit Joghurt, übrigem Öl und Kreuzkümmel zu einer glatten Creme verrühren, nach Belieben mit Salz und Pfeffer würzen.

3. Den Granatapfel rund um den Stielansatz trichterförmig nach innen einschneiden und den Stielansatz entfernen. Dann den Granatapfel mit den Fingern an dieser Stelle auseinanderbrechen und die Fruchtkerne aus Schale und Trennwänden herauslösen. Koriandergrün waschen, trocken schütteln, Blättchen abzupfen und grob hacken.

4. Die Auberginen aus dem Ofen nehmen und auf einer Platte auslegen. Joghurt auf den noch lauwarmen Auberginen verteilen oder diese zuerst vollständig abkühlen lassen. Zum Schluss großzügig mit Granatapfelkernen und Koriandergrün bestreuen.

8

ZUCCHINIRÖLLCHEN *mit Ziegenkäse*

2 möglichst dicke Zucchini (à ca. 300 g)

Öl zum Braten

40 g Walnusskerne

6 Zweige Thymian

150 g cremiger Ziegenfrischkäse

2 TL Dukkah (s. S. 151)

Salz – Pfeffer

Holzspießchen

1. Zucchini waschen, die Enden wegschneiden, die Zucchini anschließend längs in dünne Scheiben schneiden – das geht sehr gut mit der Brotschneidemaschine. Ausreichend Öl in einer beschichteten Pfanne erhitzen. Darin die Zucchinischeiben bei mittlerer Hitze garen, bis sie leicht bräunen und gut biegsam sind, ohne zu weich zu werden. Herausnehmen und auf Küchenpapier abtropfen lassen.

2. Die Walnusskerne klein hacken. Thymian waschen, trocken schütteln, Blättchen abzupfen und fein hacken. Mit Walnüssen und Frischkäse verrühren, mit Dukkah, Salz und Pfeffer würzen. Zucchinischeiben nochmals mit Küchenpapier trocken tupfen, dann etwas Käsecreme jeweils auf dem unteren Drittel jeder Zucchinischeibe mittig verteilen, die Zucchini vorsichtig, jedoch fest von dieser Seite her aufrollen und eventuell mit Holzspießchen feststecken.

8
7

9 SCHARFE RÖSTPAPRIKA *mit Mandeln*

4 große Paprika (rot, gelb, orange)

1 Knoblauchzehe

2–3 EL Olivenöl

½ TL Kreuzkümmelsamen

2 ½ EL Honig

⅓ TL getrockneter Oregano

¾ – 1 TL Pimentón de la vera

Chilipulver (nach Belieben)

Salz – Pfeffer

1 EL Weißweinessig

3 EL Rauchmandeln (Fertigprodukt)

2–3 EL gehacktes Koriandergrün

1. Die Paprika längs halbieren, putzen, waschen, dann längs in schmale Streifen schneiden. Knoblauch schälen und fein hacken. In einer beschichteten Pfanne ausreichend Öl stark erhitzen. Die Paprika darin anbraten, dabei zunächst nur ein- bis zweimal rühren, bis die Paprikastreifen an den Rändern leicht bräunen.

2. Hitze reduzieren, Knoblauch und Kreuzkümmel zugeben und kurz mitdünsten. Honig unterrühren und unter Rühren 2–3 Minuten bei mittlerer Hitze braten. Dann mit Oregano, Pimentón de la vera, nach Belieben mit Chili, Salz und Pfeffer würzen und 4–5 EL Wasser zugeben. Zugedeckt dünsten, bis die Paprika weich ist, aber noch ein wenig Biss hat, gegebenenfalls nochmals wenig Wasser zugeben.

3. Mit Essig ablöschen und offen nochmals 2–3 Minuten garen, bis sich der starke Essiggeschmack verflüchtigt hat. Alles durchrühren und abkühlen lassen. Vor dem Servieren die Rauchmandeln grob hacken. Paprika nochmals durchmischen und einen Großteil des Koriandergrüns unterheben. Mit restlichem Koriandergrün und Rauchmandeln bestreuen.

10 SPINAT MIT *Burrata & Trüffelöl*

600 g Blattspinat

3 Tomaten

2 Schalotten

1 Knoblauchzehe

3 EL Olivenöl

¼ TL Kreuzkümmelsamen

Salz – Pfeffer

2 Kugeln Burrata (à ca. 125 g, alternativ Büffelmozzarella oder eingelegter Labneh, s. S. 89)

2–3 TL Trüffelöl

2 TL Dukkah (s. S. 151)

1. Spinat waschen und verlesen, trocken schleudern. Tomaten unten kreuzweise einritzen und mit kochend heißem Wasser überbrühen. Nach 10 Minuten häuten, halbieren, die Kerne mit einem Löffel entfernen und das Fruchtfleisch in etwa 1 cm große Würfel schneiden. Die Schalotten und den Knoblauch schälen und fein würfeln.

2. In einem großen Topf das Öl erhitzen, darin die Schalotten goldgelb dünsten. Kreuzkümmel grob hacken. Mit dem Knoblauch zugeben und kurz mitdünsten. Spinat und Tomaten zugeben und unter Rühren 4–5 Minuten dünsten, bis der Spinat zusammengefallen, aber so viel Flüssigkeit wie möglich verdunstet ist. Alles nach Belieben salzen und pfeffern.

3. Burrata trocken tupfen und in Achtel schneiden. Den Spinat in einer Schüssel anrichten, leicht abkühlen lassen. Burrata darauf anrichten, alles mit Trüffelöl beträufeln und mit Dukkah bestreuen. Am besten lauwarm servieren.

Tipp

Das Trüffelöl gibt hier den ganz besonderen Pfiff. Wer es klassischer liebt, verzichtet auf das Öl und verwendet nur Dukkah.

11

Geröstete Kichererbsen ZUM KNABBERN

1 Dose Kichererbsen (400 g Füllgewicht)

1 Knoblauchzehe

1 ½ EL Olivenöl

1 TL gemahlener Kreuzkümmel

½ TL gemahlener Koriander

3–4 Msp. Chilipulver

Salz – Pfeffer

Den Backofen auf 200 °C (Ober-/Unterhitze) vorheizen. Kichererbsen in ein Sieb geben, kalt abspülen und abtropfen lassen. Knoblauch schälen und durchpressen und mit Olivenöl, Kreuzkümmel, Koriander, Chilipulver und Kichererbsen mischen, kräftig salzen und pfeffern und auf einem mit Backpapier ausgelegten Blech verteilen. Im heißen Ofen (Mitte, Umluft 180 °C) 35–45 Minuten backen, bis sie knusprig sind, dabei ein- bis zweimal durchrühren. Die Kichererbsen aus dem Ofen nehmen, abkühlen lassen und gegebenenfalls in einer luftdicht verschließbaren Dose aufbewahren.

Tipp

Die gerösteten Kichererbsen sind perfekt zum Knabbern nebenbei oder zum Aperitif, aber auch als Topping für Gemüse oder auf Suppen oder Salaten geeignet.

12 BURIKAS
mit Schafskäsefüllung

450 g TK-Blätterteig
250 g Ricotta
150 g Schafskäse (Feta)
40 g Parmesan
4 Zweige Minze
½ Bund Dill
1 Ei (Größe M)
1 TL Speisestärke
Salz – Pfeffer
1 Eigelb
2 TL Schwarzkümmelsamen

1. Den Blätterteig in einzelne Platten teilen und auf einem Kuchengitter so lange auftauen, bis er weich und biegsam, aber auf keinen Fall zu weich oder gar klebrig ist.

2. Inzwischen den Ricotta in eine Schüssel geben. Schafskäse trocken tupfen und mit einer Gabel fein zerdrücken. Den Parmesan auf der Reibe fein reiben. Beides unter den Ricotta rühren. Minze und Dill waschen und gut trocken schütteln bzw. trocken tupfen. Blätter von der Minze und Spitzen vom Dill zupfen und fein hacken, dann mit dem Ei unter die Ricottamasse rühren. 1 gestrichenen TL Stärke darüberstreuen und ebenfalls gründlich unterrühren. Die Masse vorsichtig mit Salz und Pfeffer würzen – sie sollte pikant schmecken, aber nicht zu salzig (der Käse ist im Regelfall bereits recht salzig).

3. Den Backofen auf 200 °C (Ober-/Unterhitze) vorheizen, ein Blech mit Backpapier auslegen. Die angetauten Blätterteigplatten übereinanderlegen und auf einer leicht bemehlten Arbeitsfläche zu einem Quadrat von 40 x 40 cm ausrollen. Das Teigquadrat in 16 kleine Quadrate von 10 x 10 cm schneiden. Die Käsemasse gleichmäßig auf der Mitte dieser 16 Quadrate verteilen. Die Ränder ringsum ca. 1 cm breit mit kaltem Wasser bestreichen und jedes Quadrat diagonal über die Füllung zu einem Dreieck zusammenfalten. An den Rändern gut festdrücken.

4. Die Teigtaschen auf dem Backblechlech mit etwas Abstand zueinander verteilen. Das Eigelb mit etwa 2 EL kaltem Wasser verquirlen und die Taschen damit bestreichen. Schwarzkümmelsamen gleichmäßig daraufstreuen. Die Teigtaschen im heißen Ofen (Mitte) 20–25 Minuten knusprig dunkelbraun backen. Herausnehmen und auf einem Kuchengitter lauwarm abkühlen lassen. Sie schmecken am besten lauwarm, aber auch abgekühlt – perfekt auch zum Mitnehmen im Picknickkorb oder für die Mittagspause.

Tipp

Wer möchte, kann auch kleine, 7–8 cm große Kreise (mithilfe eines Ausstechers oder Glases) ausstechen und diese über der Füllung zu Halbmonden zusammenklappen. Die Burikas sind kleine, feine Häppchen zu einem Aperitif oder auf dem Mezze-Buffet.

NOCH MEHR *Mezze*

WARM & KALT – EINFACH KÖSTLICH

NOCH MEHR *Mezze*

Mezze sind nicht nur Vorspeisen, sondern häufig der einzige, dafür umso ausgedehntere Menüpunkt, für den jedoch häufig einzelne Mezze-Gänge von vier bis fünf Mezze nacheinander serviert werden: Man startet klein mit etwas zum Knabbern, ein paar Oliven, etwas Salat, Brot, Hummus und Joghurt zum Dippen. Danach kommen meist Gemüse- und Eier-Mezze, gefolgt von Fisch- und Fleisch-Mezze, die von sehr klein (ein paar frittierte Sardinen) bis ziemlich groß (ein ganzer Fisch oder Fleischspieße) reichen können. Dabei können warme wie kalte Gerichte zusammen serviert werden. Wer dann noch Platz hat, schließt mit einem Dessert oder einer Auswahl kleiner Desserts und Gebäckspezialitäten ab. Wenn eine Mezze-Tafel derartig üppig ausfällt, werden dazu gerne Anis-Aperitifs wie Arak und Raki oder Wein getrunken.

Bei dieser Mezze-Tafel gibt es reichlich Fleisch, etwas Fisch und nur wenig Gemüse. Daher ist sie für mich perfekt als Bestandteil eines größeren Mezze-Mahls, bei dem vorweg noch kleine Gemüsegerichte und leichte Salate gereicht werden. Lade ich zur unkomplizierten Mezze-Tafel, bei der alles auf einmal auf dem Tisch stehen soll, wähle ich oft nur ein paar Fleischgerichte und kombiniere sie ebenfalls mit anderen kleinen, fleischlosen Gerichten und vor allem frischen, etwas leichteren Salaten aus diesem Buch. Ein paar tolle Klassiker wie Kibbeh (Hackbällchen) oder Fatayar (Teigtaschen) reichen oft schon als Mittelpunkt und sind perfekt, um sie, einfach so, auf die Hand zu essen. Andere Gerichte wie die Latkes (Kartoffelpuffer) mit Zatar-Lachs lassen sich dann ohne Weiteres als zweiter Gang eines Mezze-Menüs als kleines Gericht anbieten – auch gerne mal ganz stilvoll mit Messer und Gabel.

Was noch dazu passt

Erfrischende Salate und Rohkost | Melonen und frische Feigen | Nüsse und getrocknete Früchte | ein paar Cremes und Dips, z.B. Hummus (s. S. 74), Grüne Tahinsauce (s. S. 116), Chili-Auberginen-Creme *Zaalouk* (s. S. 22), Gurken-Joghurt-Dip (s. S. 63)

SUMACH

Säuerlich und anregend, sind die gemahlenen Früchte des Sumachstrauchs vor allem in der Türkei, Griechenland und dem Orient ein beliebtes Gewürz. Sie sind auch der rötlich farbgebende Bestandteil der klassischen Zatar-Gewürzmischung (s. S. 150).

BERBERITZEN

Im Iran werden leicht säuerlich schmeckende, getrocknete Berberitzen gerne in Reisgerichten verwendet; als Ersatz, wenn auch wesentlich süßer, sind Sauerkirschen geeignet.

LATKES & GRAVED LACHS

Kartoffelpuffer (Latkes) und Lachs brachten die europäischen Juden nach Israel; dort wurde dieses für das jüdische Lichterfest (Chanukah) typische Gericht in mannigfacher Weise umgewandelt.

1 ZATAR-GRAVED-*Lachs*

2 Stücke ganz frischer Lachs mit Haut (s. Tipp)

1 kleine Bio-Zitrone

1 großes Bund Dill

½ TL schwarze Pfefferkörner

2 EL Zatar (s. S. 150)

50 g grobes (Meer-)Salz

30 g brauner Zucker

1. Den Lachs nach eventuell noch vorhandenen Gräten abtasten und diese herauszupfen (das geht am besten mit der Grätenzange oder einer normalen, sauberen Pinzette). Dann kalt abspülen und gut trocken tupfen. Die Zitrone heiß waschen, abtrocknen und die Schale nicht zu fein abreiben bzw. mit einem Zestenreißer abziehen. Dill waschen, gut trocken schütteln und zusätzlich trocken tupfen. Spitzen abzupfen und nicht zu fein hacken. Die Pfefferkörner in einen Mörser geben und grob zermahlen, anschließend mit Zatar, Salz und Zucker mischen.

2. Die Fischstücke mit der Hautseite nach unten nebeneinanderlegen – am besten in eine ausreichend große Schale mit etwas höherem Rand – und gleichmäßig mit der Gewürzmischung bestreuen. Die Gewürzmischung ganz leicht mit den Fingern ins Fischfleisch einmassieren, dann die Zitronenschale und den Dill daraufstreuen. Ein Filet mit der bestreuten Seite nach unten auf das andere legen und beides gut andrücken.

3. Eine Frischhaltefolie über die Schale spannen, sodass die Fischfilets vollständig abgedeckt sind. Ein Brett in Größe des Fischstücks auf die Fischfilets legen und beschwert mit vollen Flaschen oder Konserven in den Kühlschrank stellen, sodass die Filets so stark wie möglich zusammengepresst werden. Den Lachs 2 Tage im Kühlschrank beizen, dabei die Lachsstücke nach 1 Tag wenden, sodass das obere anschließend unten liegt, und dieses zuvor mit etwas von dem ausgetretenen Saft beträufeln. Die Filets anschließend wieder fest zusammendrücken und, wie beschrieben, beschweren und kühl stellen.

4. Am 3. Tag die Filets auseinandernehmen und mit Küchenpapier leicht trocken tupfen. Anschließend mit einem scharfen, dünnen Messer (am besten ein Fleisch- oder Filetiermesser) schräg in nicht zu dünnen Scheiben von der Haut schneiden.

Tipp

Für den Lachs beim Fischhändler am besten den vorderen Teil eines ganzen Lachses verlangen und diesen gleich dort in zwei Filets schneiden und entgräten lassen – so passen die beiden Seiten gut aufeinander und ergeben aufgeschnitten schöne, gleichmäßig große Scheiben.

2 *Avocado-Joghurt-* DIP

2 kleine reife Avocados

½ Limette

120 g griechischer Joghurt (10 % Fett)

Salz – Pfeffer

⅓ Bund Schnittlauch

2 EL gehackte Pistazienkerne

Die Avocados längs halbieren, Kern entfernen und das Fruchtfleisch aus der Schale löffeln. Die Limette heiß waschen, abtrocknen, die Schale fein abreiben und den Saft auspressen. Schale und 1 EL Saft mit Avocadofleisch und Joghurt fein pürieren. Mit Salz, Pfeffer und eventuell nochmals Limettensaft abschmecken. Schnittlauch waschen, trocken schütteln, in feine Röllchen schneiden und unterheben. Den Dip mit Pistazienkernen bestreuen.

3

SÜSSKARTOFFEL-*latkes*

700 g Süßkartoffeln

1 große Zwiebel

3 Zweige Thymian

1 TL Kreuzkümmelsamen

Salz – Pfeffer

2–3 Msp. Chilipulver

2 Eier (Größe M)

4–5 EL Maismehl (alternativ Semmelbrösel)

Butterschmalz zum Braten

1. Die Süßkartoffeln schälen und auf einer Rohkostreibe grob raspeln. Möglichst breitflächig auf einem sauberen Geschirrtuch ausbreiten, mit einem zweiten abdecken und gut ausdrücken, dann auf dem Tuch ruhen lassen.

2. Inzwischen die Zwiebel schälen und fein würfeln. Thymian waschen, trocken schütteln, Blättchen abzupfen und fein hacken, Kreuzkümmel mit einem schweren Messer grob hacken. Beides mit den Süßkartoffelraspeln in eine Schüssel geben, kräftig mit Salz, Pfeffer und Chili würzen. Dann Eier und Mehl bzw. die Semmelbrösel unterarbeiten.

3. In einer großen beschichteten Pfanne ausreichend Butterschmalz erhitzen. Die Kartoffelmasse esslöffelweise abnehmen, als Häufchen in die Pfanne geben und mit dem Löffelrücken platt streichen. Bei mittlerer bis großer Hitze beidseitig jeweils 2–3 Minuten braun braten. Herausnehmen und auf Küchenpapier abtropfen lassen. Die fertigen Latkes im 90 °C warmen Ofen warmhalten und den Rest des Teiges wie beschrieben fertig braten.

4

GEFÜLLTE TEIGTASCHEN

Fatayar

Für den Teig:

1 TL Honig

15 g Hefe (ca. ⅓ Würfel)

300 g Weizenmehl (Type 550)

Salz

60 g Joghurt (3,5 % Fett)

2 EL Olivenöl (plus etwas Öl zum Bestreichen)

Für die Füllung:

1 Zwiebel

2 Knoblauchzehen

1 rote Spitzpaprika

3 EL Pinienkerne

Olivenöl zum Braten

350 g Lamm- oder Rinderhackfleisch

⅓ TL getrockneter Thymian

1 ½ TL Pul Biber

¾ TL gemahlener Kreuzkümmel

½ TL Zimtpulver

⅓ TL gemahlener Kardamom

¼ TL gemahlener Piment

Salz – Pfeffer

2 TL Granatapfelmelasse (s. S. 150)

100 g passierte Tomaten

3 EL Rosinen

1 kleines Bund Petersilie

1. Für den Teig in einem Schälchen den Honig mit 100 ml warmem Wasser verrühren. Lauwarm abkühlen lassen. Die Hefe hineinbröckeln und verrühren. Zugedeckt an einem warmen Ort etwa 10–15 Minuten gehen lassen, bis die Hefe zu „arbeiten", also zu schäumen beginnt.

2. Inzwischen Mehl mit knapp einem ¾ TL Salz in einer Rührschüssel mischen. Den Joghurt mit etwa 80 ml warmem Wasser und Öl verrühren. Den Hefeansatz mit der lauwarmen Joghurt-Mischung zum Mehl geben und alles mit den Knethaken der Küchenmaschine oder des Handrührgeräts 4–5 Minuten auf kleiner Stufe kneten, bis sich alles verbunden hat, falls nötig noch etwas Wasser zugeben.

3. Dann den Teig auf höchster Stufe 5–6 Minuten kneten, bis er weich, geschmeidig und samtig ist. Zu einer Kugel formen und in eine leicht mit Mehl ausgestäubte Schüssel geben. Mit einem sauberen (feuchten) Tuch abdecken und etwa 1 Stunde an einem warmen Ort gehen lassen, bis er sein Volumen verdoppelt hat.

4. Inzwischen die Zwiebel und den Knoblauch schälen und getrennt fein würfeln. Die Paprika längs halbieren, putzen, waschen, dann längs in ca. 5 mm feine Streifen, diese wiederum in feine Würfel schneiden. Die Pinienkerne in einer Pfanne ohne Fett goldbraun rösten, dann herausnehmen und abkühlen lassen. 2–3 EL Öl in die Pfanne geben, erhitzen und darin die Zwiebeln langsam goldgelb und weich dünsten. Knoblauch und Paprika zugeben und bei mittlerer Hitze kurz 2–3 Minuten braten.

5. Alles an den Pfannenrand schieben, eventuell etwas Öl nachgießen, dann das Hackfleisch in die Pfanne geben und bei großer Hitze krümelig braun braten, dann nach und nach die Zwiebel-Paprika-Mischung vom Rand unterarbeiten. Mit Thymian und den Gewürzen bestreuen, salzen und pfeffern und alles gut durchmischen.

6. Granatapfelmelasse unterrühren, dann die Tomaten, Rosinen und Pinienkerne zugeben. Bei mittlerer Hitze noch einige Minuten garen, bis eine dickliche Masse entstanden ist. Etwas abkühlen lassen. In der Zwischenzeit die Petersilie waschen, trocken schütteln, Blättchen abzupfen und fein hacken. Untermischen und alles vollständig abkühlen lassen.

7. Den Teig nochmals kräftig durchkneten. In gleich große Portionen teilen, diese zu Kugeln formen und auf bemehlter Arbeitsfläche zu

Kreisen von Ø 12 cm ausrollen. Wer will, sticht sie anschließend noch zu schönen runden Kreisen aus. Jeweils knapp 1 ½ EL Füllung in die Mitte jedes Kreisteiges geben.

8. Zum Formen der Teigtaschen stellt man sich die fertigen Taschen am besten als Dreieck vor: zwei Seiten an einer Ecke nach oben zueinander schlagen und die Ränder oben bis zur Mitte hin zusammendrücken. Nun die dritte Seite nach oben schlagen und an den beiden anderen Seiten links und rechts ebenfalls fest zusammendrücken. So entsteht ein dreieckiges Täschchen mit drei Nähten, die zu jeder Ecke hin laufen.

9. Die Teigtaschen mit Abstand zueinander auf ein mit Backpapier ausgelegtes Blech legen und zugedeckt nochmals 15 Minuten gehen lassen. Währenddessen den Ofen auf 200 °C (Ober-/Unterhitze) vorheizen. Die aufgegangenen Teigtaschen mit Olivenöl bepinseln. Im heißen Ofen (Mitte) 20–25 Minuten goldbraun backen. Herausnehmen und leicht abkühlen lassen.

VARIANTE

Anstelle von Hackfleisch schmecken Fatayar auch prima mit Spinatfüllung: dazu 40 g Berberitzen (s. S. 33) 15 Minuten in kochend heißem Wasser einweichen. 250 g Blattspinat waschen, trocken schütteln, verlesen und klein schneiden. Leicht salzen, mit den Händen durchkneten und 15 Minuten in einem Sieb Wasser ziehen lassen. Währenddessen 1 klein gewürfelte Zwiebel und Knoblauchzehe in 2 EL Olivenöl goldgelb andünsten. Berberitzen abgießen, abtropfen lassen und mit 3 EL Pinienkernen zu den Zwiebeln geben. Unter Rühren kurz mitdünsten, bis die Pinienkerne leicht bräunen, vom Herd nehmen. 100 g Feta trocken tupfen und zerbröckeln. Den Spinat kräftig ausdrücken, dann zu der Zwiebel-Berberitzen-Mischung geben und gut verrühren. Mit 1–2 EL Zitronensaft, ½ TL Pul Biber und 1 TL Zatar abschmecken und nach Belieben mit Salz, Pfeffer und frisch geriebener Muskatnuss würzen. Den Feta unterheben und die Teigtaschen, wie beschrieben, damit füllen.

5

HACKFLEISCH-BÄLLCHEN
mit Berberitzen

40 g Berberitzen (s. S. 33)

1 große Zwiebel

1 Knoblauchzehe

¾ Bund Koriandergrün

Olivenöl zum Braten

600 g Lammhackfleisch (alternativ je 300 g gemischtes und Rinderhackfleisch)

1 Ei (Größe L)

¼ TL getrockneter Thymian

¾ TL Zimtpulver

1 TL gemahlener Kreuzkümmel

¼ TL Chilipulver

Salz – Pfeffer

3–4 EL Semmelbrösel

1 EL heller Sesam und Chiliflocken (nach Belieben)

1. Die Berberitzen in einem Schälchen mit kochend heißem Wasser übergießen und etwa 10–15 Minuten quellen lassen, danach abgießen, gut ausdrücken und fein hacken. Zwiebel und Knoblauch schälen und fein würfeln. Koriandergrün waschen, trocken schütteln, Blättchen abzupfen und fein hacken, etwa ein Drittel beiseitelegen. In einem beschichteten Pfännchen Zwiebel und Knoblauch in 1–2 EL Öl goldgelb andünsten, dann direkt zum Hackfleisch in eine Schüssel geben. Zwei Drittel Koriandergrün, Berberitzen, Ei sowie die Gewürze dazugeben.

2. Alles mit den Händen gründlich durchmengen, bis die Masse glänzt. Nach und nach so viel Semmelbrösel untermischen, bis die Masse gut bindet und nicht zu feucht ist. Hackmasse 10–15 Minuten (möglichst kühl) ruhen lassen. Dann aus der Masse ca. 30 runde Bällchen formen und auf einer Platte bereitstellen.

3. Reichlich Öl in einer beschichteten Pfanne erhitzen, darin die Bällchen bei mittlerer Hitze, eventuell in zwei Portionen nacheinander, auf jeder Seite immer 4–5 Minuten anbraten, bis sie rundum schön gebräunt sind. Die Bällchen warm oder kalt servieren, dazu vorher mit Koriandergrün und nach Belieben mit Sesam und Chiliflocken bestreuen.

6

LIBANESISCHE
Hähnchenleber

450 g Geflügellebern

2 große Zwiebeln

4 EL Olivenöl

2 EL Butter

Salz – Pfeffer – Zucker

3 EL Granatapfelmelasse (s. S. 150)

1 TL Zatar (s. S. 150)

1–2 EL gehacktes Koriandergrün (nach Belieben)

Granatapfelkerne (nach Belieben)

1. Von den Lebern die Häutchen und Sehnen entfernen und in mundgerechte Stücke schneiden. Zwiebeln schälen und in Ringe schneiden.

2. 1 EL Öl mit 2 EL Butter in einer Pfanne erhitzen, darin die Lebern bei mittlerer Hitze ca. 5 Minuten braten, bis sie bräunen, innen aber noch leicht rosa sind. Salzen und pfeffern, aus der Pfanne nehmen. Restliches Öl in die Pfanne geben und die Zwiebeln darin bei mittlerer Hitze goldbraun braten. 1 TL Zucker und Granatapfelmelasse zugeben und unter Rühren 1–2 Minuten leicht karamellisieren lassen.

3. Die Leber zu den Zwiebeln geben, alles gut durchrühren und mit Zatar würzen. Vom Herd nehmen und leicht abkühlen lassen. Die Leber in ein Schälchen füllen und nach Wunsch noch mit Koriandergrün, Granatapfelkernen und nach Belieben mit etwas Zatar bestreuen.

5
6

7 HONIG-MÖHREN
mit Minz-Joghurt

500 g schlanke Möhren
⅓ TL gemahlener Zimt
½ TL Kreuzkümmelsamen
3 EL Honig
2 EL Zitronensaft
2 EL Olivenöl
Salz – Pfeffer
3 EL getrocknete Sauerkirschen
200 g griechischer Joghurt (10 % Fett)
½ TL Sumach (s. S. 33)
4 Msp. getrockneter Oregano
⅓ – ½ TL scharfes Pul Biber
3 Zweige Minze

1. Den Backofen auf 200 °C (Ober-/Unterhitze) vorheizen. Die Möhren schälen, putzen und je nach Dicke eventuell längs halbieren. Zimt, Kreuzkümmel, Honig, Zitronensaft und Olivenöl verrühren. Mit den Möhren in einer Form, in der diese dicht an dicht nebeneinanderliegen können, mischen, salzen und pfeffern.

2. Möhren im heißen Ofen (Mitte) je nach Dicke 25–35 Minuten garen, bis sie leicht weich sind, aber noch etwas Biss haben, dabei ein- bis zweimal wenden. Zuletzt die Möhren nochmals im Garsud wenden, Grill zuschalten und 5 Minuten grillen, bis sie leicht karamellisiert sind.

3. Inzwischen die Sauerkirschen grob hacken. Joghurt mit Sumach, Oregano, Pul Biber und 1–3 EL kaltem Wasser verrühren, sodass eine sehr dickflüssige Sauce entsteht. Salzen und pfeffern. Die Minze waschen, trocken schütteln, Blättchen abzupfen. Zwei Drittel davon fein hacken und ebenfalls unterrühren, den Rest grob zerzupfen und beiseitelegen. Die Möhren auf einer Platte anrichten, mit Joghurt beträufeln und mit Sauerkirschen und Minze bestreuen.

8 ROTE BETE
mit Schafskäse

600 g möglichst kleine (junge) Rote Bete
30 g Walnusskerne
20 g Pistazienkerne
3 EL Olivenöl
1 TL Kreuzkümmelsamen
Saft von 1 Orange
1 EL Granatapfelmelasse (s. S. 150)
2–3 EL Zitronensaft
Salz – Pfeffer
1 kleine Salzzitrone (s. S. 150)
200 g Schafskäse (Feta)
½ Bund Koriandergrün
3 Zweige Minze
1–1 ½ TL Zatar (s. S. 150)

1. Die Roten Beten waschen, putzen und in ausreichend Wasser ca. 50–75 Minuten bei mittlerer Hitze zugedeckt garen. Etwas ausdampfen lassen, schälen und in schmale Spalten schneiden.

2. Die Nüsse in einer Pfanne ohne Fett leicht rösten, herausnehmen und abkühlen lassen. Die Pfanne sauber wischen, das Öl darin erhitzen, Kreuzkümmel kurz bei kleiner Hitze anrösten. Mit Orangensaft ablöschen und vom Herd nehmen. Etwas abkühlen lassen, Granatapfelmelasse und 2 EL Zitronensaft untermischen, mit Salz und Pfeffer würzen. Die Salzzitrone längs vierteln, Fruchtfleisch herausschneiden und die Schale fein hacken. Mit dem Dressing und lauwarmen Beten mischen und 1 Stunde ziehen lassen.

3. Die Nüsse grob hacken. Schafskäse trocken tupfen und mit einer Gabel zerbröckeln. Die Kräuter waschen, trocken schütteln, Blättchen abzupfen und grob hacken. Rote Bete nochmals mit Salz, Pfeffer und Zitronensaft abschmecken. Die Kräuter zu einem großen Teil unterheben. Anschließend mit Schafskäse, den übrigen Kräutern, Walnüssen, Pistazien und Zatar bestreuen.

8
7

9

GEFÜLLTE *Kibbeh*

250 g feiner Bulgur (s. S. 132)

50 g Walnusskerne

20 g Pinienkerne

2 Zwiebeln

2 Knoblauchzehen

3 – 4 EL Olivenöl

750 g Lammhackfleisch (alternativ: Rinderhackfleisch)

Salz – Pfeffer

je ½ TL gemahlener Kreuzkümmel, Koriander, Piment und Zimt

¼ TL Chilipulver

2 EL gehackte Petersilie

1 TL edelsüßes Paprikapulver

ca. 1 l Öl zum Frittieren

1. Den Bulgur mit reichlich Wasser begießen und gut durchrühren, das Wasser abgießen und den Bulgur erneut in reichlich kaltem Wasser 20–30 Minuten quellen lassen.

2. Inzwischen für die Füllung Walnüsse und Pinienkerne grob hacken. Zwiebeln und Knoblauch schälen und getrennt fein würfeln. Das Olivenöl in einer beschichteten Pfanne erhitzen. Darin die Hälfte der Zwiebeln und den Knoblauch langsam goldgelb dünsten. Aus der Pfanne nehmen und eventuell noch etwas Öl zugeben. 250 g Lammhackfleisch in die Pfanne geben und bei großer Hitze krümelig braun braten. Salzen, pfeffern. Die gemahlenen Gewürze, Petersilie, Walnüsse und Pinienkerne und die angebratene Zwiebel-Knoblauch-Mischung zum Lammfleisch geben und 2–3 Minuten bei mittlerer Hitze unter Rühren mitgaren. Vom Herd nehmen und abkühlen lassen.

3. Den Bulgur in ein Sieb abgießen und gründlich abtropfen lassen, dann auf ein sauberes Küchentuch geben und gut trocken tupfen. Den Bulgur mit den restlichen Zwiebelwürfeln und dem übrigen Hackfleisch zweimal durch die feine Scheibe des Fleischwolfs drehen – wer keinen Fleischwolf hat, zerkleinert alles, bei Bedarf portionsweise, in der Küchenmaschine. Kräftig mit Salz, Pfeffer und Paprikapulver würzen und mit den Händen alles nochmals kräftig durchmengen, bis eine gut formbare Masse entstanden ist, die sich gut verbindet.

4. Die Bulgur-Hackfleisch-Masse in 24 Portionen teilen und daraus mit leicht angefeuchteten Händen längliche, leicht eiförmige Bällchen formen. Anschließend in jedes „Ei" von der spitzen Seite her ein Loch eindrücken und den Teig mit den Fingern vorsichtig weiter öffnen und dünner drücken, sodass gut 2 TL von der gewürzten Hackmasse hineinpassen – der Teig drum herum ist daher eher dünn, also Vorsicht, dass er nicht reißt! Die Öffnung anschließend über der Füllung gut zusammendrücken und schließen. Die Kibbeh an den Enden jeweils zu kleinen Spitzen formen. Die fertigen Kibbeh auf einer Platte zurechtlegen.

5. In einem Topf oder einer Fritteuse reichlich Öl erhitzen (ca. 180 °C). Um zu testen, ob das Öl heiß genug ist, hält man einen hölzernen Kochlöffelstiel ins heiße Fett. Steigen daran sprudelnd kleine Perlen auf, hat es die richtige Temperatur. Die Kibbeh nun portionsweise im heißen Fett ca. 4 Minuten knusprig braun frittieren. Dabei nicht zu viele gleichzeitig einlegen, sonst sinkt die Temperatur zu sehr und die Kibbeh werden nicht knusprig. Herausnehmen und auf Küchenpapier abtropfen lassen, eventuell im 80 °C heißen Ofen warm halten.

PICKNICK *am Meer*

LAUE SOMMERABENDE

PICKNICK
am Meer

Historisch bezeichnete der Begriff „Levante" die ans Mittelmeer angrenzenden Länder im Nahen Osten. Dort, wo die Sonne morgens aufgeht (lat. levare. „aufgehen, sich erheben"), liegt die deshalb ebenfalls als Morgenland bezeichnete Levante. Speziell die einende Meereslage prägte die Kultur und Lebensweise dieser Mittelmeeranrainerstaaten auf besondere Weise – auch kulinarisch: eine leichte, mediterran geprägte Küche, zu der traditionell unbedingt auch Fisch und Meeresfrüchte gehören. Und war das Mittelmeer früher vor allem Dreh- und Angelpunkt für Handel, ist es heute vor allem beliebtes Ausflugsziel. Gerade im Sommer, wenn die schwüle Hitze in den Metropolen wie Haifa, Jerusalem oder Beirut unerträglich wird, zieht es ihre Bewohner an den Strand. Zum Baden, Grillen und Picknicken mit Freunden und der ganzen Familie.

Diese wunderbar entspannte Stimmung eines Sommerabends am Meer, wenn nach Hitze und Strandtrubel eine leichte Brise die Haut und Seele streichelt, wollen wir mit unserem Meerespicknick einfangen. Es ist das perfekte Essen für einen lauen Sommerabend und versetzt in Ferienlaune, selbst wenn das Meer unendlich weit entfernt liegt. Möglichst (fang-) frischer Fisch bildet das Zentrum; er darf dabei ruhig einmal aus hiesigen Regionen und nicht vom Mittelmeer stammen. Die Salsa dazu ist ebenso erfrischend und leicht wie die Salate, die dazu angeboten werden. Das kühlende Gurkensüppchen passt davor oder einfach dazu, und neben dem möglichst gut gekühlten und durchgezogenen Dessert ist hier natürlich auch erfrischendes, sommerliches Obst wie Melonen, saftige Pfirsiche oder die ersten Weintrauben willkommen – ein Klassiker an Israels Stränden ist übrigens Wassermelone mit salzigem Schafskäse.

Was noch dazu passt

Gurken-Joghurt-Dip (s. S. 63), eingelegte Labnehbällchen (s. S. 89), Pizzabrot *Manakish* (s. S. 94), Melonen-Avocado-Salat (s. S. 96), Israeli Salat (s. S. 117), Petersilien-Bulgursalat *Tabbouleh* (s. S. 132), bunter Obstsalat (s. S. 144), frisches (Fladen-)Brot, sommerliches Obst und frische Gemüsesticks

REKAKAT

Die krossen libanesischen Teigröllchen ähneln türkischen *Sigara Börek*. Neben der typischen Füllung mit salzigem Akkawi-Käse (der Feta ähnelt), werden sie auch oft mit (Hack-) Fleisch gefüllt.

LAYALI LUBNAN

„Libanesische Nächte" lautet der Name des berühmten Desserts: üppig, süß und verführerisch mit dem Duft von Rosen- oder Orangenblütenwasser, der an orientalische Nächte erinnert.

SCHWARZKÜMMEL

Die kleinen, auch als „Nigella" bezeichneten, schwarzen Körner kennen die meisten von türkischem Fladenbrot. Die intensiv würzigen Samen aromatisieren auf spannende Weise und machen aufgestreut auch noch optisch etwas her.

1

KRÄUTERFISCHE *mit Orangen-Tomaten-Salsa*

Für die Fische:

4 küchenfertige Doraden (à ca. 350 g; alternativ Forellen)

1 Bio-Limette

4 Zweige (Zitronen-)Thymian

4 Zweige Estragon

2 EL Olivenöl

Salz – Pfeffer

Für die Salsa:

1 TL Fenchelsamen

2 Limetten

1 TL flüssiger Honig

2 feste, getrocknete Datteln

400 g Kirschtomaten

1 Bio-Orange

1 EL Orangenblütenwasser

2 Msp. Chiliflocken

Salz – Pfeffer

⅓ Bund Koriandergrün

1. Für die Salsa die Fenchelsamen in einer kleinen Pfanne bei mittlerer Hitze leicht rösten, bis sie duften. Herausnehmen, abkühlen lassen, dann grob im Mörser zerstoßen.

2. Währenddessen die Limetten auspressen, die Hälfte des Safts in einer Schüssel mit dem Honig verrühren. Die Datteln längs vierteln, Kerne entfernen, das Fruchtfleisch in Stückchen schneiden. Die Tomaten waschen und vierteln, dabei den Stielansatz wegschneiden, die Viertel nochmals quer halbieren oder dritteln.

3. Die Orange heiß waschen, abtrocknen, die Schale fein abreiben. Dann die Orange halbieren, von einer Hälfte den Saft auspressen. Die zweite Hälfte mit der Schnittfläche nach unten auf ein Brett legen und die Schale samt weißer Haut wegschneiden, dann das Fruchtfleisch in Scheiben schneiden und die Scheiben in kleine Stücke, dabei eventuell Kerne entfernen.

4. Orangenstücke, Orangenschale, 2 EL Orangensaft, Tomaten, Datteln, Orangenblütenwasser und Chiliflocken in die Schüssel geben und alles gut durchmischen. Mit Salz und Pfeffer würzen. Zugedeckt ziehen lassen.

5. Für die Fische den Backofen auf 220° (Ober-/Unterhitze) vorheizen. Die Fische innen und außen kalt abspülen und trocken tupfen. Die Limette heiß abwaschen und in vier dickere Scheiben schneiden, Enden wegwerfen. Die Scheiben halbieren und in die Fischbäuche stecken. Thymian und Estragon waschen, trocken schütteln, eventuell etwas kleiner zupfen und ebenfalls in den Bäuchen verteilen. Die Fische außen mit Öl bepinseln, salzen und pfeffern. Auf ein mit Backpapier ausgelegtes Blech legen. Im heißen Ofen (Mitte) in ca. 20 Minuten garen – sie sind gar, wenn sich eine Flosse ganz leicht aus der Haut lösen lässt.

6. Inzwischen das Koriandergrün waschen, trocken schütteln, Blättchen abzupfen und grob zerschneiden. Unter die Salsa mischen, die Salsa nochmals mit Salz, Pfeffer und dem übrigen Limettensaft abschmecken. Die Fische aus dem Ofen nehmen, auf Teller verteilen und etwas von der Salsa (samt Saft) darüber geben. Sofort servieren.

Tipp

Im Sommer lassen sich die Fische natürlich auch auf dem Grill zubereiten (am besten in passenden Grillkörben für Fisch). Anstelle von Doraden schmecken hier auch regionale Forellen oder Saiblinge und sind dazu noch nachhaltiger als weitgereister Mittelmeerfisch.

2 GEFÜLLTE TEIGRÖLLCHEN *Rekakat*

200 g Schafskäse (Feta)

150 g geriebener Mozzarella

½ Bund Petersilie

1 EL Zatar (s. S. 150)

Salz – Pfeffer

300 g Yufka oder Filo-Teig (ca. 6 rechteckige Blätter)

Öl zum Frittieren

1. Den Schafskäse trocken tupfen, mit einer Gabel fein zerbröckeln und mit dem Mozzarella mischen. Petersilie waschen, trocken schütteln, Blättchen abzupfen, fein hacken und ebenfalls untermischen. Alles mit Zatar, wenig Salz (der Schafskäse ist meist schon recht salzig) und Pfeffer würzen.

2. Jeweils 2 Teigblätter übereinanderlegen und mit 2 diagonalen Schnitten in 4 Dreiecke zerschneiden. Jeweils 2 TL Käsemischung unten auf der längsten Seite eines Dreiecks verteilen, sodass ca. 1 cm zum unteren Rand und links und rechts jeweils ca. 2–3 cm frei bleiben. Seitliche Ecken nach innen über die Füllung schlagen und den freien Rand von unten über eingeschlagene Ecken und Füllung vorsichtig straff nach oben aufrollen. Die offene Spitze oben mit Wasser befeuchten und an die Röllchen kleben. So nacheinander den gesamten Teig und die Füllung zu 24 Röllchen verarbeiten.

3. In eine Pfanne mit hohem Rand 2–3 cm hoch Öl geben. Das Öl erhitzen – es ist heiß genug, wenn an einem hölzernen Kochlöffelstiel, den man hineinhält, sprudelnd kleine Luftbläschen aufsteigen. Jeweils 4–5 Röllchen hineingeben und in 1–3 Minuten knusprig goldbraun ausbacken, dabei mithilfe eines Schaumlöffels wenden. Herausnehmen und auf Küchenpapier abtropfen lassen. So zügig nacheinander alle Röllchen frittieren. Warm servieren oder für ein Buffet oder Picknick abkühlen lassen.

3 *Erfrischende* KALTE GURKENSUPPE

4 EL Pinienkerne

4 Bio-Salatgurken

1 Knoblauchzehe

800 g griechischer oder türkischer Joghurt (10 % Fett)

150 g Crème fraîche

1½ TL gemahlener Kreuzkümmel

Salz – Pfeffer

2–3 EL Zitronensaft

2 Fleischtomaten

1 Bund Dill

5 Stängel Minze

1 EL Sumach

1. Die Pinienkerne in einer Pfanne ohne Fett rösten, bis sie leicht braun sind und duften. Aus der Pfanne nehmen und abkühlen lassen. Die Gurken waschen und von einer Gurke die Hälfte abschneiden und beiseitelegen. Den Rest schälen, halbieren, die Kerne herauskratzen und das Fruchtfleisch in Stücke schneiden. Den Knoblauch schälen und grob hacken. Gurken und Knoblauch mit Joghurt und Crème fraîche fein pürieren. Mit Kreuzkümmel, Salz, Pfeffer und Zitronensaft würzen.

2. Die übrige Gurke in kleine Würfel schneiden. Die Tomaten waschen, vierteln, Kerne und das weiche Innere entfernen, dann das Fruchtfleisch klein würfeln. Die gerösteten Pinienkerne grob hacken. Die Kräuter waschen, trocken schütteln, Blättchen bzw. Spitzen abzupfen und nicht zu fein hacken. Etwa die Hälfte der Kräuter zur Gurkensuppe geben und alles nochmals kräftig durchpürieren.

3. Die übrigen Kräuter mit Tomaten- und Gurkenwürfeln mischen und mit den Pinienkernen auf die Suppe geben, zuletzt Sumach darüber streuen und servieren. Wer möchte, kann die Suppe für ein Picknick (oder auch fürs Bufett) in verschließbare Gläser füllen (dann die Deko besser weglassen, oder separat transportieren).

3
2

4 ERBSENSALAT *mit Feta*

300 g TK-Erbsen
1 Salatgurke
1 großes Bund Radieschen
3 Frühlingszwiebeln
1 Bund Minze
200 g Schafskäse (Feta)
1 Bio-Zitrone
1 TL Senf
1 TL Honig
4 EL Olivenöl
Salz – Pfeffer
1½ EL Sumach

1. Die Erbsen mit kochend heißem Wasser überbrühen und kurz stehen lassen, bis sie aufgetaut sind. Anschließend in ein Sieb abgießen und abtropfen lassen.

2. Inzwischen die Gurke schälen, längs vierteln, die Kerne herausschneiden oder -kratzen, dann die Viertel in kleine Stücke schneiden. Radieschen putzen, waschen und je nach Größe vierteln oder in Spalten schneiden. Frühlingszwiebeln waschen, putzen und mit dem Grün in Ringe schneiden, etwa ein Drittel davon beiseitelegen. Minze waschen, trocken schütteln, Blättchen abzupfen und in breite Streifen schneiden oder einfach grob zerzupfen. Schafskäse trocken tupfen und mit einer Gabel grob zerbröckeln.

3. Die Zitrone heiß waschen, abtrocknen und die Schale von einer Hälfte fein abreiben, den gesamten Saft auspressen. 4 EL Zitronensaft mit Senf und Honig glatt verrühren, dann das Öl kräftig unterschlagen, mit Salz und Pfeffer würzen. Das Dressing mit Erbsen, Gurke, Radieschen, Frühlingszwiebeln und einem Großteil der Minze mischen. Kurz ziehen lassen, dann nochmals mit Salz, Pfeffer und evtl. Zitronensaft abschmecken. Vor dem Servieren mit Schafskäse, den übrigen Frühlingszwiebeln, übriger Minze und Sumach bestreuen.

5 TOMATENSALAT *mit Würzcroûtons*

200 g Fladen- oder Weißbrot vom Vortag (z. B. Baguette)
3 Knoblauchzehen
3 EL Olivenöl
2 EL Butter
1 TL Kreuzkümmel
¼ TL gemahlener Zimt
Salz – Pfeffer
1 kg feste, bunte Tomaten (möglichst verschiedene Sorten)
125 g Buttermilch
150 g griechischer Joghurt (10 % Fett)
3 Stängel Minze
4 Stängel Basilikum
1 TL Schwarzkümmelsamen

1. Das Brot in ca. 2 cm große Stücke schneiden. Knoblauch schälen, 2 Zehen in dicke Scheiben schneiden. Die Knoblauchscheiben mit 2 EL Öl und Butter in eine Pfanne geben, heiß werden lassen und unter Rühren 2 Minuten braten, damit sie schön Aroma abgeben. Das Brot zugeben und unter Rühren rundum knusprig braun rösten. Gegen Ende mit ½ TL Kreuzkümmel, Zimt und Salz würzen, aus der Pfanne nehmen und auf Küchenpapier abtropfen und abkühlen lassen.

2. Die Tomaten waschen, quer in nicht zu dünne Scheiben schneiden und auf einer Platte verteilen. Die übrige Knoblauchzehe grob hacken und mit der Hälfte der Buttermilch fein pürieren. Dann die übrige Buttermilch und den Joghurt unterrühren. Mit übrigem Kreuzkümmel, Salz und Pfeffer würzen. Die Kräuter waschen, trocken schütteln, Blättchen abzupfen und grob zerzupfen oder zerschneiden.

3. Das Dressing über die Tomaten gießen. Dann den Salat großzügig mit Kräutern, Croûtons und Schwarzkümmel bestreuen und servieren.

4
5

6 PISTAZIEN-GRIESS-DESSERT

Layali Lubnan

1 l Milch
250 g Zucker
½ TL gemahlener Kardamom
150 g Hartweizengrieß
6 EL Orangenblütenwasser
Saft von ½ Limette
150 g ungesalzene Pistazienkerne
500 g Sahne
2 Pck. Sahnesteif
50 g Puderzucker
250 g Mascarpone
400 g gesüßte Kondensmilch
3–4 EL Granatapfelkerne (alternativ 1–2 EL getrocknete Rosenblütenblätter

1. Die Milch in einen Topf geben und unter Rühren aufkochen lassen. 50 g Zucker, Kardamom und Grieß unter ständigem Rühren einrieseln lassen. Unter Rühren 1 Minute kochen lassen, dann den Grieß bei niedriger bis mittlerer Hitze in 10–15 Minuten ausquellen lassen, dabei gelegentlich umrühren. Gegen Ende 2 EL Orangenblütenwasser unterrühren.

2. Den Grießbrei in eine rechteckige, hohe Porzellanform füllen und glattstreichen. 10–15 Minuten abkühlen lassen, dann eine Frischhaltefolie direkt auf den Grießbrei legen, damit er nicht austrocknet. Vollständig auskühlen lassen, danach weitere 30 Minuten im Kühlschrank kühlen.

3. Inzwischen den übrigen Zucker mit 150 ml Wasser in einen Topf geben und unter Rühren aufkochen lassen. Bei hoher Hitze in ca. 5 Minuten sprudelnd zu einem leicht zähflüssigen Sirup einkochen lassen. Gegen Ende den Limettensaft und 3 EL Orangenblütenwasser unterrühren, dann den Sirup zugedeckt abkühlen lassen.

4. Die Pistazien in einer Pfanne ohne Fett rösten, bis sie leicht braun sind und duften. Aus der Pfanne nehmen, abkühlen lassen, anschließend im Blitzhacker oder mit einem großen Messer lediglich grob, auf keinen Fall pudrig fein hacken.

5. Die Sahne in einer Rührschüssel leicht anschlagen, dann Sahnesteif und Puderzucker zugeben und die Sahne weiter richtig steif schlagen. Mascarpone, Kondensmilch und übriges Orangenblütenwasser zugeben und alles vorsichtig unterheben. Die Sahnemischung klecksweise auf den Grießpudding geben und glatt verstreichen. Mit den Pistazien bestreuen. Das Dessert mit Frischhaltefolie abdecken und mindestens 6 Stunden (oder sogar über Nacht) im Kühlschrank durchziehen lassen.

6. Das Dessert vor dem Servieren nach Wunsch noch mit Granatapfelkernen oder Rosenblütenblättern bestreuen. Zum Servieren in Stücke schneiden auf Teller verteilen und mit dem Sirup überträufeln.

Tipp

Das Dessert ist süß und üppig – wer möchte, kann deshalb noch frische, in Stücke geschnittene Früchte wie z. B. Erdbeeren, Aprikosen oder Pfirsiche dazu reichen, oder eine leichte, kaum gesüßte Fruchtsauce aus pürierten Früchten oder Beeren.

7

WASSERMELONEN-*Limonade*

2 kg reife Wassermelone

3 Bio-Limetten

3 Zweige Minze

2 Zweige Zitronenmelisse

50 g brauner Zucker

2–3 EL Orangenblütenwasser

750 ml kohlensäurehaltiges Mineralwasser

Crushed Ice oder Eiswürfel

1. Die Melone in Spalten schneiden, das Fruchtfleisch von der Schale schneiden und dabei so viele Kerne wie möglich entfernen. Den Saft von 2 Limetten auspressen, die übrige Limette heiß waschen und in möglichst dünne Scheiben schneiden. Minze und Melisse waschen, trocken schütteln und die Blättchen abzupfen.

2. Das Melonenfleisch mit dem Zucker und dem Limettensaft fein pürieren. Die Kräuter, Limettenscheiben und Orangenblütenwasser untermischen. Zugedeckt möglichst 4–5 Stunden im Kühlschrank ziehen lassen. Zum Servieren mit Crushed Ice oder Eiswürfeln in Gläser geben und mit Mineralwasser auffüllen.

RUND UMS *Lagerfeuer*

EIN LEVANTE-BARBECUE

RUND UMS *Lagerfeuer*

Grillen am offenen Feuer hat etwas Magisches, Ursprüngliches, Archaisches. Doch der sich am Spieß drehende Hammel unter dem offenen Sternenzelt der Wüste ist für die meisten Einwohner der Metropolen des Nahen Ostens sicherlich genauso verklärte Vergangenheit wie für uns. Geblieben ist das Barbecue an freien Festtagen, im Hinterhof, im Park oder beim Picknick. Viel braucht es dazu nicht, den meisten reicht ein „Mangal", ein transportabler Grill, auf dem Fleisch und vor allem Fleischspieße, Schaschlik und Kebab gemütlich schmurgeln können. Der arabische Name „Mangal" bezeichnet aber nicht nur das Grillgerät, sondern auch das gesellige Grillen unter freiem Himmel mit Familie und Freunden. Auf dem Grill landen dann vor allem kleine Fleischstücke, die schnell garen, nach wie vor bevorzugt Lamm- oder Hühnerfleisch.

Bei einer Grillparty nach levantinischem Vorbild steht natürlich ganz klar das Fleisch im Vordergrund: Gut mariniert, bekommt es nicht nur typisch orientalisches Aroma, sondern bleibt beim Grillen zart und saftig. Und wie bei jedem richtigen Grillfest braucht es zum Fleisch natürlich noch leckere Saucen wie den milden, erfrischenden Gurken-Joghurt-Dip oder den zusätzlich anheizenden, scharfen Tomaten-Paprika-Dip. Dazu ein paar leichte Salate und Sattmachersalate mit Brot oder Bohnen statt des üblichen Kartoffel- oder Nudelsalats, frisches Fladenbrot und die orientalische Sommerparty kann steigen. Im Winter lassen sich die meisten Gerichte auch perfekt im Ofen zubereiten – dann kann man sich zwar nicht gemütlich am Lagerfeuer, aber vielleicht ja vor dem Kamin zusammenfinden und schon einmal vom nächsten Sommer träumen.

Was noch dazu passt

Leichte Salate wie Tabbouleh (s. S. 125), Israeli-Salat (s. S. 117), der Tomatensalat mit Würzcroûtons (s. S. 52) weitere Saucen und Dips wie Zhoug (s. S. 105), Muhammara (s. S. 22), Avocado-Joghurt-Dip (s. S. 34), Tahin-Joghurt-Sauce (s. S. 130)

GANZ SCHÖN SPIESSIG

Egal ob für Kebab, Köfte oder auch Shawarma – auf Spieße gesteckt, gart Fleisch ganz unkompliziert über offenem Feuer. Darum haben viele der typischen Mangal-Grills auch extra Kerben am Rand zum Einlegen der Spieße.

FATTOUSH

Im Original wird der libanesische Brotsalat mit hauchdünnen, gerösteten Pitafladen, Gurke, Tomate und Zwiebel gemacht. Eine prima Resteverwertung, die auch wunderbar für türkisches Fladenbrot taugt ...

MUSAKHAN

Gegrilltes Hähnchen mit eingelegten Sumach-Zwiebeln in ein Fladenbrot gepackt, direkt auf die Hand – das ist Musakhan, eines der beliebtesten Gerichte Palästinas.

1 HÄHNCHEN-KEBAB *mit Joghurtmarinade*

800 g Hähnchenbrustfilet
200 g griechischer Joghurt (10 % Fett)
2 Knoblauchzehen
½ Limette
1 TL gemahlener Koriander
½ TL gemahlener Kreuzkümmel
1 TL Paprikapulver
½ TL Chilipulver
Salz – Pfeffer
1 große Zwiebel
20 g Butter
6–8 Metall-Grillspieße

1. Hähnchenfleisch kalt abspülen, trocken tupfen, in ca. 3–4 cm große Stücke schneiden. Joghurt in eine große Schüssel geben. Knoblauch schälen und dazupressen. Die Limette halbieren, den Saft einer Limettenhälfte auspressen. 3 EL davon mit den Gewürzen und Joghurt verrühren. Kräftig salzen und pfeffern. Das Fleisch zugeben und alles gut durchmischen. Zugedeckt im Kühlschrank 12 Stunden marinieren.

2. Den Grill anheizen (alternativ den Backofen auf 225 °C (Ober-/Unterhitze) vorheizen). Zwiebel schälen, quer halbieren und die Hälften in 2–3 cm breite Stücke schneiden. Abwechselnd je 2–3 Stücke Hähnchenfleisch und 1 Zwiebelstück auf den Spieß stecken. Das Fleisch nochmals mit abgetropfter Marinade bepinseln.

3. Die Fleischspieße auf dem Grill 10–15 Minuten grillen, dabei mehrmals so wenden, dass sie rundum schön gebräunt werden. Alternativ die Spieße auf ein Backblech legen und im Backofen (oben) 12–15 Minuten garen, dabei ebenfalls wenden. Inzwischen die Butter in Flöckchen schneiden. Den Grill zuschalten. Die Butterflöckchen auf dem Fleisch verteilen und die Kebabs 3–5 Minuten grillen, bis sie leicht gebräunt sind. Herausnehmen, kurz ruhen lassen.

2 LAMM-KEBAB *mit Kräutermarinade*

800 g Lammfleisch (aus der Keule)
1 Zwiebel
2 Knoblauchzehen
1 Bund Koriandergrün
½ Bund Petersilie
1 Bio-Zitrone
3 EL Olivenöl
½ TL Chiliflocken
½ TL gemahlener Kreuzkümmel
½ TL edelsüßes Paprikapulver
¼ TL gemahlener Kardamom
Salz – Pfeffer
6–8 Metall-Grillspieße

1. Das Lammfleisch kalt abspülen und trocken tupfen, dann in ca. 4 cm große Stücke schneiden. Die Zwiebel und den Knoblauch schälen und grob zerschneiden. Die Kräuter waschen und gut trocken schütteln bzw. trocken tupfen. Die Kräuter mit den Zweigen grob zerschneiden. Die Zitrone heiß waschen, abtrocknen, Schale fein abreiben und den Saft auspressen.

2. Zwiebel, Knoblauch, Kräuter, Zitronenschale und 3 EL Zitronensaft mit dem Öl fein pürieren. Dann die Gewürze unterrühren, kräftig salzen und pfeffern. Die Marinade mit dem Fleisch in einer Schüssel (oder in einem großen Gefrierbeutel) mischen und zugedeckt im Kühlschrank 12 Stunden (über Nacht) marinieren.

3. Das Fleisch auf die Spieße stecken und auf dem Grill 10–12 Minuten grillen, dabei mehrmals so wenden, dass sie rundum schön gebräunt werden. Alternativ die Spieße in einer Grillpfanne rundum kräftig anbraten, dann nebeneinander in eine ofenfeste Form legen und im vorgeheizten Backofen bei 180 °C (Ober-/Unterhitze, oben) 15–20 Minuten fertig garen.

2
1

3 Libanesische KÖFTE VOM GRILL

je 400 g Lamm- und Rinderhackfleisch

1 Zwiebel

2 Knoblauchzehen

½ Bund Petersilie

4 getrocknete, in Öl eingelegte Tomaten

1 TL Pul Biber

½ TL gemahlener Kreuzkümmel

2 Msp. gemahlener Piment

3 Msp. Zimtpulver

Salz – Pfeffer

2 EL Olivenöl

8 Metall-Grillspieße

1. Das Lamm- und Rinderhackfleisch in eine Schüssel geben. Zwiebel und Knoblauch schälen und fein würfeln. Petersilie waschen, trocken schütteln, Blättchen abzupfen und fein hacken. Die Tomaten gut abtropfen lassen und fein hacken. Alles zum Hackfleisch geben, Gewürze darüber streuen und kräftig mit 1–1½ TL Salz und Pfeffer würzen. Alles gründlich mit den Händen vermengen und durchkneten. Anschließend 10–15 Minuten möglichst kühl ruhen lassen.

2. Das Hackfleisch in 8 Portionen teilen und zu 12–15 cm langen „Würsten" formen. Die Würste auf die Spieße stecken, nochmals zurechtformen und gut festdrücken. Die Spieße 1 Stunde zugedeckt im Kühlschrank ruhen lassen.

3. Den Grill anheizen. Die Köfte aus dem Kühlschrank nehmen, mit dem Öl bepinseln und auf dem heißen Grill 10–15 Minuten grillen, dabei mehrmals so wenden, dass sie rundum schön gebräunt werden.

4 Paprika-Chili-DIP

3 grüne Paprika

4 grüne Jalapeño-Chilischoten

3 Knoblauchzehen

6 EL Olivenöl

2 Dosen stückige Tomaten (à 400 g Füllgewicht)

½ – ¾ TL Chiliflocken

Salz – Pfeffer

2 TL Zucker

1 EL Paprikapulver

1. Den Grill des Backofens auf höchster Stufe vorheizen, ein Blech mit Backpapier auslegen. Paprika und Jalapeños waschen. Paprika vierteln und putzen, mit der Hautseite nach oben auf das Blech legen, die Jalapeños daneben. Unter dem heißen Grill (oben) 10–15 Minuten grillen, bis die Haut jeweils dicke, schwarze Blasen wirft, dabei die Jalapeños zwischendurch wenden. Herausnehmen und abkühlen lassen, dann Jalapeños und Paprika mit einem spitzen Messer häuten und in kleine Stücke schneiden bzw. hacken.

2. Währenddessen Knoblauch schälen und fein hacken. 3 EL Olivenöl in einem Topf erhitzen, darin den Knoblauch bei kleiner Hitze goldgelb andünsten. Tomaten zugeben, mit Chiliflocken, Salz und Pfeffer würzen. Die Tomaten offen bei mittlerer Hitze 20–30 Minuten einkochen lassen.

3. Die gehackten Paprika und Jalapeños dazugeben und alles weitere 10–15 Minuten garen. Mit Zucker, eventuell nochmals Salz und Pfeffer abschmecken. Das übrige Öl in einer kleinen Pfanne leicht erhitzen und das Paprikapulver darin 1–2 Minuten anbraten, dabei nicht zu heiß werden lassen, sonst wird es bitter. Unter das Gemüse mischen, den Topf vom Herd nehmen und den Dip abkühlen lassen.

5 *Gurken-Joghurt-* DIP

1 Mini-Salatgurke

1 Knoblauchzehe – Salz

200 g griechischer Joghurt (10 % Fett)

2 EL Olivenöl

½ TL Honig

¾ TL gemahlener Kreuzkümmel

⅓ TL Pul Biber

3 Zweige Minze

2 Zweige Dill – Pfeffer

1. Die Gurke schälen und auf einer Rohkostreibe grob raspeln. Knoblauch schälen, grob hacken, auf dem Schneidebrett mit 1 Prise Salz bestreuen und mit der flachen Seite eines Messers fein zermusen. Mit der Gurke zum Joghurt geben. 2 EL möglichst kaltes Wasser, Olivenöl, Honig und die Gewürze zugeben und alles glatt verrühren.

2. Minze und Dill waschen, trocken schütteln, Blättchen bzw. Dillspitzen abzupfen und fein hacken. Beides unter den Dip rühren und mit Salz und Pfeffer würzen

Tipp

Außerhalb der Grillsaison oder für alle ohne Grill: Köfte lassen sich auch prima wie Frikadellen in der Pfanne braten: einfach in 12 runde oder längliche Frikadellen formen und in einer beschichteten Pfanne in Öl 8–10 Minuten rundum braten.

6

ZATAR-HÄHNCHEN-KEULEN

Musakhan

6 Hähnchenkeulen
7 EL Butter
2 rote Zwiebeln
2 Knoblauchzehen
2 Orangen
3 EL Olivenöl
½ TL Zimtpulver
½ TL gemahlener Kreuzkümmel
⅓ TL gemahlener Piment
⅓ TL gemahlener Kardamom
1 TL Sumach (s. S. 33)
Salz – Pfeffer
150 ml Hühnerbrühe
2 EL Pinienkerne
1–1 ½ EL Zatar (s. S. 150)
½ Bund Petersilie

1. Den Backofen auf 200 °C (Ober-/Unterhitze) vorheizen. Hähnchenkeulen kalt abwaschen und mit Küchenpapier trocken tupfen. 5 EL Butter nehmen und ca. die Hälfte davon in 6 gleich große Stückchen schneiden. An den Hähnchenkeulen mit den Fingern die Haut leicht vom Fleisch lösen und jeweils 1 Stückchen Butter unter die Haut schieben, die restliche Butter mit den Fingern breitflächig auf dem Fleisch verteilen.

2. Die Zwiebeln schälen und längs in feine Streifen schneiden. Den Knoblauch ebenfalls schälen und in ein Schälchen pressen. Orangensaft auspressen. 4 EL Saft mit dem Knoblauch, Olivenöl und den gemahlenen Gewürzen, etwa 1 gehäuften EL Salz und reichlich Pfeffer mischen (Zatar noch nicht unterrühren).

3. Die Hähnchenkeulen rundum mit dem Würzöl bepinseln, die Zwiebeln im restlichen Öl wenden und mit den Hähnchenkeulen (Hautseite nach oben) auf dem Blech verteilen. Übrigen Orangensaft und Brühe zugießen und die Keulen im heißen Ofen (Mitte) 30 Minuten garen, dabei ein- bis zweimal mit ausgetretener Garflüssigkeit bepinseln.

4. Inzwischen die übrigen 2 EL Butter in einem Pfännchen schmelzen, darin die Pinienkerne goldbraun rösten, mit einem Schaumlöffel herausheben, auf Küchenpapier geben und salzen. Zatar in die Butter einrühren und möglichst gleichmäßig über die Hähnchenkeulen und Zwiebeln träufeln (oder noch besser: mit dem Backpinsel auftupfen).

5. Die Keulen weitere 5–10 Minuten fertig garen. Sie sind gar, sobald klarer Bratensaft austritt, wenn man sie am Gelenk mit einem spitzen Messer einsticht. Ist der Bratensaft noch trübe, noch etwas länger garen. Inzwischen die Petersilie waschen, trocken schütteln, Blättchen abzupfen und hacken. Die fertigen Keulen mit Petersilie und Pinienkernen bestreuen.

Tipp

Typischerweise werden die Hähnchenkeulen samt Zwiebeln langsam auf dünnem Fladenbrot gebacken und darauf serviert. Mindestens genauso gut ist diese Version mit frischem, luftigem Fladenbrot und einem Gurken-Joghurt-Dip (s. S. 63) oder noch etwas Schärfe in Form von Zhoug (s. S. 105) dazu.

7

GERÖSTETER *Blumenkohlsalat*

1 Blumenkohl (ca. 800 g)
6 EL Olivenöl
Salz – Pfeffer
50 g Haselnusskerne
1 kleines Bund Radieschen
1 kleiner rotschaliger, fester Apfel
1 TL Zitronensaft
2 EL Weißweinessig
1 TL Honig (alternativ: Ahornsirup)
¼ TL gemahlener Kreuzkümmel
¼ TL gemahlener Zimt
¾ TL Garam Masala (indische Gewürzmischung)
½ Bund Petersilie
4 EL Granatapfelkerne

1. Den Backofen auf 220 °C (Ober-/Unterhitze) vorheizen. Blumenkohl putzen, waschen und in mundgerechte Röschen schneiden. Mit 3 EL Öl, Salz und Pfeffer auf einem (mit Backpapier ausgelegten) Blech mischen, dann nebeneinander auslegen. Im heißen Ofen (oben) 20–30 Minuten garen, bis sie leicht gebräunt sind, aber noch Biss haben, dabei einmal umrühren.

2. Blumenkohl herausnehmen und abkühlen lassen. Die Temperatur auf 175 °C reduzieren, Haselnüsse auf ein Blech geben und 15 Minuten rösten. Herausnehmen, kurz abkühlen lassen, dann zwischen den Händen gegeneinander reiben, sodass sich ein großer Teil der Häute löst. Abkühlen lassen und grob hacken.

3. Radieschen putzen, waschen und in dünne Scheiben schneiden. Den Apfel waschen, vierteln, Kerngehäuse entfernen, die Viertel in schmale Spalten schneiden und in Zitronensaft wenden, damit sie nicht braun werden.

4. Den Essig mit Honig und den Gewürzen verrühren, dann das übrige Öl unterschlagen. Petersilie waschen, Blättchen abzupfen und grob zerzupfen. Blumenkohl, Apfel und Radieschen mit Petersilie und dem Dressing mischen, einen Großteil der Haselnüsse und Granatapfelkerne untermischen, den Rest über den fertigen Salat streuen. Mit Salz und Pfeffer abschmecken.

8

FENCHELSALAT *mit Orangen & Feta*

2 Knollen Fenchel
2 Orangen
3 EL getrocknete Sauerkirschen
½ Zitrone
1 TL Granatapfelmelasse (s. S. 150)
1 ½ TL Zatar (s. S. 150)
¾ TL Honig
Salz – Pfeffer
80 g Schafskäse (Feta)
5 Zweige Petersilie
½ Bund Dill

1. Fenchel putzen, waschen und das Grün beiseitelegen, die Knollen längs halbieren, den Strunk keilförmig herausschneiden, die Hälften quer in feine Streifen schneiden. Von den Orangen die Schale samt weißer Haut mit einem scharfen Messer abtrennen, die Orangenfilets zwischen den Trennwänden herausschneiden, den Saft auffangen. Sauerkirschen grob hacken.

2. Zitrone auspressen. 2 EL Saft mit Orangensaft und Granatapfelmelasse mischen, 1 TL Zatar und Honig unterrühren, mit Salz und Pfeffer würzen. Dressing mit Fenchel und den Sauerkirschen mischen, 10 Minuten ziehen lassen.

3. Den Schafskäse trocken tupfen und zerbröckeln. Kräuter waschen und trocken schütteln. Petersilienblättchen und Dillspitzen abzupfen mit dem Fenchelgrün grob hacken. Kräuter und Orangen unter den Fenchel heben, nochmals mit Salz, Pfeffer und Zitronensaft abschmecken. Mit Feta und dem übrigem Zatar bestreuen.

7
8

9 FREESTYLE *Fattoush*

200 g Fladenbrot (vom Vortag)
8 EL Olivenöl
1 große Knoblauchzehe
2 kleine Auberginen (ca. 500 g)
Salz – Pfeffer
2 kleine rote Paprika
300 g gelbe und rote Kirschtomaten
2 Frühlingszwiebeln
12 kleine schwarze Oliven
3 Zweige Minze
1 Bund Petersilie
1 ½ TL Honig
3–4 EL Rotweinessig
2 TL Zatar (nach Belieben, s. S. 150)

1. Den Backofen auf 200 °C (Ober-/Unterhitze) vorheizen. Das Brot in mundgerechte Würfel schneiden, auf ein Blech legen und im heißen Ofen 10–15 Minuten knusprig rösten, herausnehmen und abkühlen lassen.

2. 3 EL Olivenöl in eine ofenfeste Form geben, Knoblauch schälen und dazupressen. Auberginen waschen, würfeln, salzen und pfeffern und ebenfalls in die Form geben. Im heißen Ofen 20–25 Minuten garen, dabei einmal umrühren. Paprika und Tomaten halbieren, putzen, waschen und würfeln. Frühlingszwiebeln putzen, waschen und in feine Ringe schneiden. Oliven halbieren. Alles in eine Salatschüssel geben. Die Kräuter waschen, Blättchen abzupfen und grob hacken.

3. Aus Honig, Essig und übrigem Öl, Salz und Pfeffer eine Vinaigrette anrühren. Auberginen aus dem Ofen nehmen, leicht abkühlen lassen, dann mit Vinaigrette in die Salatschüssel geben und alles gut mischen, Brot und Kräuter zum Schluss unterheben. 10 Minuten ziehen lassen. Mit Zatar bestreuen und servieren.

10 BOHNENSALAT *mit Paprika*

180 g getrocknete Schwarzaugenbohnen (alternativ: Pintobohnen)
2 Möhren – Salz
1 rote Spitzpaprika
2 Stangen Staudensellerie
3 milde lange türkische Peperoni
12 grüne Oliven ohne Stein
1 EL Kapern
1 TL Dijon-Senf
5 EL Weißweinessig – Pfeffer
½ TL getrockneter Oregano
4–5 EL Olivenöl
½ Bund Petersilie
4 Zweige Dill

1. Bohnen in einer Schüssel mit reichlich kaltem Wasser zugedeckt über Nacht quellen lassen. Am nächsten Tag in ein Sieb abgießen, kalt abbrausen. In einem Topf mit reichlich Wasser ca. 45 Minuten zugedeckt bei mittlerer Hitze garen, bis sie weich, aber noch bissfest sind. Gleichzeitig die Möhren schälen, längs vierteln und klein würfeln. Gegen Ende der Garzeit zu den Bohnen geben, salzen und 6–8 Minuten mitgaren. In ein Sieb abgießen und abkühlen lassen.

2. Spitzpaprika und Staudensellerie putzen und waschen, längs halbieren und würfeln (das Selleriegrün dabei aufheben). Die Peperoni waschen, den Stielansatz wegschneiden, die Schoten in 5 mm dicke Ringe schneiden. Die Oliven in Ringe schneiden, Kapern grob hacken.

3. Senf und Essig mit Oregano, Salz und Pfeffer verrühren, dann das Öl kräftig unterschlagen. Die übrigen Zutaten gründlich mit dem Dressing mischen und 1 Stunde ziehen lassen. Dann die Kräuter waschen, trocken schütteln, Blättchen abzupfen und grob hacken. Unter den Salat heben und servieren.

10
9

1001 *Hummus*

SO EINFACH ... SO EINMALIG GUT

1001 Hummus

Hummus bedeutet im Arabischen schlicht „Kichererbse". Kein Wunder, denn Kichererbsen sind auch die unbestrittene, wesentliche Grundzutat der gleichnamigen Spezialität, die im gesamten Levante-Raum zu finden ist. Über die übrigen Zutaten oder gar die Zubereitung lässt sich dann trefflich streiten: Die einen lieben es cremig, fluffig, die anderen trockener und leicht stückig. Manche wiederum tröpfeln einfach nur etwas Olivenöl darüber, in Israel dagegen liebt man „Hummus kawarma", also Hummus getoppt mit gebratenem Lammfleisch. In der Türkei wird Hummus häufig warm, mit Paprikapulver gewürzt, serviert. Jede „Hummusia", ein traditionelles Lokal, in dem Hummus von früh morgens bis mittags angeboten wird, kennt seine eigene, spezielle Würze, sein ganz eigenes Rezept. Fast immer mit dabei sind jedoch Tahin, Knoblauch und Zitronensaft.

Aber müssen es wirklich immer Kichererbsen sein? Wir finden nicht unbedingt und laden zum ultimativen Hummustest: das Original mit richtig Würze, die wir einfach unwiderstehlich finden. Dann mal schlicht gewürzt mit Topping, entweder klassisch mit Lammfleisch oder mit Pilzen oder Ofentomaten zubereitet für Vegetarier. Oder eben Hummus ganz ohne Kichererbsen. Geht das denn? Na klar, einfach ausprobieren, mit Roter Bete zum Beispiel, Kürbis oder Grünen (Soja-)Bohnen und Avocado. Am besten ruhig einmal alle Sorten auf einmal testen! Dazu gibt es Gemüsesticks, Brot und knusprige Pitachips. So kann jeder dippen, nippen, knabbern und vergleichen – egal ob mit oder ohne Kichererbsen, garantiert spannend und nicht die Bohne eintönig!

Was noch dazu passt

Pita- oder Fladenbrot | Gemüsesticks zum Dippen (z. B. Möhren, Gurke, Stangensellerie, Rettich, Kohlrabi), halbierte Kirschtomaten und Radieschen | ein frischer Salat, z. B. Israeli-Salat (s. S. 117) | geröstete Kichererbsen (s. S. 27)

HUMMUS FUL – DOPPELT GEMOPPELT

Diese beliebte Hummus-Variante (arabisch „Ful“: Saubohne) wird mit gekochten Dicken Bohnen getoppt serviert – eine echte Proteinbombe also! Eine frische Alternative dazu ist unser Grünes Bohnen-Hummus mit Avocado (s. S. 80).

PITA, FALAFEL & CO.

Hummus wird normalerweise einfach in Schälchen zum Dippen mit Brot oder zu Gemüsesticks gereicht, manchmal aber auch als Unterlage auf (Pita-)Sandwichs etwa bei Falafeln oder Sabbich.

MASABACHA – HUMMUS AUS GANZEN KICHERERBSEN

Trotz der typischen Zutaten ist dieses für die Levante sehr beliebte Frühstücksgericht kaum mit dem klassischen Hummus vergleichbar, denn hier werden weich gekochte, warme Kichererbsen in Tahin- und Zitronensauce serviert.

1 ROTE-BETE-*Hummus*

450 g Rote Bete
50 g Walnusskerne
1 kleine Knoblauchzehe
1 EL Tahin (s. S. 125)
1 TL Granatapfelmelasse (s. S. 150)
3 EL Zitronensaft
2 EL Olivenöl
¾ TL gemahlener Kreuzkümmel
½ TL gemahlener Koriander
Salz – Pfeffer

1. Den Backofen auf 200 °C (Ober-/Unterhitze) vorheizen. Die Rote Bete gründlich waschen und Wurzel und Stielansatz so wegschneiden, dass die Haut so wenig wie möglich verletzt wird. Die Rote Bete zusammen in Alufolie wickeln und auf dem Backrost (Mitte) in 1 ½–2 Stunden weich garen. Sie ist gut, wenn sie sich mit einem spitzen Messer leicht und ohne jeden Widerstand einstechen lässt. Herausnehmen, aus der Folie wickeln und abkühlen lassen.

2. Inzwischen die Walnusskerne in einer Pfanne ohne Fett leicht braun rösten, dann herausnehmen und abkühlen lassen. Die Rote Bete schälen und grob zerschneiden (dazu am besten Gummihandschuhe tragen, da sie abfärben), dann in eine hohe Schüssel geben. Knoblauch schälen und dazupressen.

3. Die Walnusskerne grob zerbrechen und mit Tahin, Granatapfelmelasse, Zitronensaft und Olivenöl zu der Roten Bete geben. Alles mit dem Pürierstab cremig pürieren, alternativ alle Zutaten in der Küchenmaschine fein pürieren. Nach Belieben mit Kreuzkümmel, Koriander, Salz und Pfeffer würzen.

2 KÜRBIS-*Hummus*

½ Butternusskürbis (oberer Teil; ca. 500 g)
1 kleine Knoblauchzehe
1 EL Olivenöl
1 TL Ras el Hanout (s. S. 116)
¼ TL Chilipulver
Salz – Pfeffer
2 EL Tahin (s. S. 125)
2 EL griechischer Joghurt (10 % Fett)
1 TL Zatar (s. S. 150)
1–2 Spritzer Zitronensaft

1. Den Backofen auf 200 °C (Ober-/ Unterhitze) vorheizen. Falls nötig, verbliebene Kerne und Fasern gut aus dem Kürbis herauskratzen, dann den Kürbis waschen, die Schale dabei dran lassen. Knoblauch schälen und in Stifte schneiden. Das Kürbisfleisch mehrmals leicht einstechen und den Kürbis mit den Knoblauchstiften spicken – diese dabei tief ins Fruchtfleisch stecken, bis sie nicht mehr sichtbar sind. Die Schnittfläche des Kürbis mit Öl bepinseln und mit Ras el Hanout und Chilipulver bestreuen, leicht salzen und pfeffern.

2. Den Kürbis mit der Schnittfläche nach oben auf ein Blech stellen und im heißen Ofen (Mitte) ca. 45 Minuten garen, dabei ein- bis zweimal wieder mit dem ausgetretenen Saft bepinseln. Der Kürbis ist gar, wenn er sich mit einem spitzen Messer butterweich einstechen lässt. Kürbis herausnehmen und abkühlen lassen.

3. Das weiche Kürbisfleisch mit einem Löffel aus der Schale herausschaben. Mit Tahin, Joghurt und Zatar cremig pürieren, dann mit Zitronensaft, Salz und Pfeffer würzen.

3 GEWÜRZ-*Hummus*

1 Dose Kichererbsen (400 g Füllgewicht)

1 Knoblauchzehe

1 ½ EL Tahin (s. S. 125)

1 Zitrone

½ Orange

4 EL Olivenöl

½ TL gemahlener Kreuzkümmel

je ⅓ TL Kurkumapulver und edelsüßes Paprikapulver

2–3 Msp. Chilipulver

Salz – Pfeffer

1. Die Kichererbsen in ein Sieb abgießen, dabei die Einweichflüssigkeit auffangen. Knoblauch schälen und grob würfeln. Mit Tahin und Kichererbsen in eine hohe Schüssel oder in ein Mixgefäß geben. Zitrone und Orange auspressen. Den Orangensaft und die Hälfte des Zitronensafts mit Olivenöl und den Gewürzen zugeben.

2. Alles möglichst fein mit dem Pürierstab pürieren, dabei so viel von der Einweichflüssigkeit zugeben, dass eine cremige Masse entsteht. Mit Salz und Pfeffer und eventuell nochmals mit Zitronensaft abschmecken.

4 OFENTOMATEN-*Hummus*

800 g Kirschtomaten (mit möglichst dicker, fester Haut)

2 Knoblauchzehen

3 Zweige Thymian

4 EL Aceto balsamico

6 EL Olivenöl

Salz – Pfeffer

2 TL Zucker

3 EL Pinienkerne

1 Dose Kichererbsen (400 g Füllgewicht)

½ Orange

1 Zitrone

1 EL Tahin (s. S. 125)

½ TL gemahlener Kreuzkümmel

⅓ TL Kurkumapulver

3–4 EL Pimentón de la vera

1 EL Granatapfelmelasse (s. S. 150)

2 Zweige Basilikum

1. Den Backofen auf 180 °C (Ober-/Unterhitze) vorheizen. Die Tomaten waschen und längs halbieren, dann die Hälften mit der Schnittfläche nach oben möglichst dicht an dicht in eine dafür passende ofenfeste Form setzen. Knoblauch schälen, quer halbieren, die Hälften in dünne Scheiben schneiden und zwischen die Tomaten stecken. Thymian waschen, trocken schütteln, Blättchen abzupfen, fein hacken und über die Tomaten streuen.

2. Die Tomaten mit Aceto balsamico und Olivenöl beträufeln, anschließend salzen, pfeffern und mit Zucker bestreuen. Die Tomaten im heißen Ofen (Mitte) 40–50 Minuten garen, dabei zwischendurch ein- bis zweimal mit dem austretenden Saft begießen. Die Tomaten sollten am Ende leicht eingeschrumpelt und etwas gebräunt sein. Dann nochmals mit etwas Öl begießen, Grill zuschalten und die Tomaten leicht bräunen. Herausnehmen und abkühlen lassen.

3. Inzwischen die Pinienkerne in einer Pfanne ohne Fett goldbraun rösten, dann herausnehmen und abkühlen lassen. Kichererbsen in ein Sieb abgießen und abtropfen lassen, dabei die Einweichflüssigkeit auffangen. Orangen- und Zitronensaft auspressen.

4. Von den Tomaten 200 g abnehmen (dazu etwas von dem Garsud) und mit den Kichererbsen, dem gesamten Orangen- und zwei Dritteln vom Zitronensaft, Tahin, Kreuzkümmel, Kurkuma, Pimentón de la vera und Granatapfelmelasse fein pürieren. Dabei so viel von der Einweichflüssigkeit der Kichererbsen mitpürieren, bis eine schöne, cremige Masse entsteht. Mit Salz, Pfeffer und Zitronensaft abschmecken.

5. Basilikum waschen, trocken schütteln, die Blättchen abzupfen und in Streifen schneiden. Das Hummus in ein Schälchen geben und glatt streichen. Die übrigen Tomaten samt Garsud möglichst mittig darauf häufen. Mit Pinienkernen und Basilikum bestreuen.

5 HUMMUS
mit Hackfleisch

2 Dosen Kichererbsen (à 400 g Füllgewicht)
5 Knoblauchzehen
3 EL Tahin (s. S. 125)
6 EL Olivenöl
¾ TL gemahlener Kreuzkümmel
2 Zitronen
Salz – Pfeffer
2 Zweige Minze
⅓ Bund Petersilie
1 große Zwiebel
3 EL Pinienkerne
300 g Lammhackfleisch (alternativ Rinderhackfleisch)
1 ½ TL Baharat (s. S. 151)
¼ TL Chilipulver

1. Die Kichererbsen in ein Sieb abgießen, die Einweichflüssigkeit auffangen. 3 Knoblauchzehen schälen und grob würfeln. Mit Tahin, 3 EL Olivenöl, Kreuzkümmel und Kichererbsen in eine hohe Schüssel geben. Zitronen auspressen. 7 EL Zitronensaft hinzugeben und möglichst fein pürieren, dabei so viel von der Einweichflüssigkeit zugeben, dass eine samtige Creme entsteht. Mit Salz und Pfeffer abschmecken.

2. Die Minze und Petersilie waschen, trocken schütteln, die Blättchen abzupfen und grob hacken. Zwiebel und übrigen Knoblauch schälen und fein würfeln. In einer beschichteten Pfanne 3 EL Olivenöl erhitzen, darin die Pinienkerne goldbraun rösten, mit einem Schaumlöffel herausheben und auf Küchenpapier abtropfen lassen. Öl erneut erhitzen, darin Zwiebel und Knoblauch goldgelb andünsten.

3. Hitze erhöhen, Hackfleisch hinzugeben und scharf anbraten, dabei mit einem Holzlöffel klein zerteilen. Mit Baharat, Salz, Pfeffer und Chilipulver würzen und unter Rühren weitergaren, bis das Fleisch durchgebraten ist. Den Hummus in eine breitere Schale geben, glatt streichen, das Hackfleisch daraufgeben. Nach Belieben mit den restlichen Pinienkernen und Kräutern bestreuen.

6 HUMMUS
mit gebratenen Pilzen

500 g braune Champignons
1 große Zwiebel
1 Knoblauchzehe
2 Zweige Thymian
½ Bund Petersilie
Olivenöl zum Braten
3 EL Pinienkerne
¼ TL gemahlener Kreuzkümmel
Chiliflocken
Salz – Pfeffer
1 EL Aceto balsamico
1 Portion Hummus (s. Hummus mit Hackfleisch)

1. Champignons putzen, Zwiebel und Knoblauch schälen und alles sehr fein würfeln. Thymian und Petersilie waschen, trocken schütteln, Blättchen abzupfen und getrennt fein hacken.

2. In einer Pfanne 3–4 EL Öl erhitzen, die Pinienkerne goldbraun rösten, mit einem Schaumlöffel herausnehmen und auf Küchenpapier abtropfen lassen. Öl erneut erhitzen, Zwiebel und Knoblauch goldgelb andünsten. Hitze erhöhen, Pilze zugeben und unter Rühren 1–2 Minuten braten. Thymian und Gewürze unterrühren. Mit Salz und Pfeffer würzen, mit Aceto balsamico ablöschen und bei kleiner Hitze 3–4 Minuten schmoren.

3. Einen Teil der Petersilie zusammen mit den Pinienkernen unter die Pilze rühren. Den Hummus in eine Schale geben und glatt streichen. Die warmen Pilze daraufgeben und mit der übrigen Petersilie bestreuen.

6
5

7

GRÜNES *Bohnen-Hummus*

200 g enthülste Dicke Bohnen (frisch oder TK) – Salz

1 reife Avocado

1 Limette

1 Knoblauchzehe

1 EL Tahin (s. S. 125)

3 EL Olivenöl – Pfeffer

¾ TL gemahlener Kreuzkümmel

Chiliflocken

1 Frühlingszwiebel

⅓ Bund Koriandergrün

1 TL schwarzer Sesam (nach Belieben)

1. In einem Topf ausreichend Salzwasser zum Kochen bringen. Die Bohnen hineingeben und 2–3 Minuten blanchieren (tiefgefrorene Bohnen sollten 1–2 Minuten länger garen). In ein Sieb abgießen, kalt abschrecken und abtropfen lassen. Avocado halbieren, Kern entfernen und das Fruchtfleisch aus der Schale lösen. Den Saft der Limette auspressen. Den Knoblauch schälen und grob hacken.

2. Die Bohnen mit Avocadofruchtfleisch, Knoblauch, 2 EL Limettensaft, Tahin und Olivenöl fein pürieren, dabei nach und nach so viel kaltes Wasser zugeben, bis eine feine Creme entstanden ist. Mit Salz, Pfeffer, Kreuzkümmel und 2–3 Msp. Chiliflocken würzen.

3. Die Frühlingszwiebel waschen, putzen, trocken schütteln. Den weißen Teil längs vierteln und die Viertel fein hacken, das Grün in feine Ringe schneiden. Koriandergrün waschen und trocken schütteln, Blättchen abzupfen und fein hacken. Etwa die Hälfte davon mit dem weißen Teil der Zwiebel unter die Hummuscreme mischen. Hummus in ein Schälchen geben und glatt streichen. Mit grünen Zwiebelringen und übrigem Koriandergrün bestreuen und mit Chiliflocken und nach Wunsch mit Sesam bestreuen.

8

WÜRZIGE PITACHIPS *zum Dippen*

3 große dünne Pitafladen (oder Wraps, s. Tipp)

6 EL Olivenöl

3 EL Zatar (s. S. 150)

(Meer-)Salz

1. Den Backofen auf 180 °C (Ober-/Unterhitze) vorheizen. Ein Backblech mit Backpapier auslegen. Die Pitafladen mit einem scharfen Messer in 5–6 cm breite Streifen schneiden, die Streifen wiederum in Dreiecke mit der Seitenlänge von 5–6 cm schneiden. Das Öl mit der Hälfte Zatar verrühren und die Brotdreiecke beidseitig dünn damit bestreichen – sie sollten gut bestrichen, jedoch keinesfalls damit getränkt sein. Dann auf dem Blech verteilen und mit übrigem Zatar bestreuen und leicht salzen.

2. Die Pitachips im heißen Ofen (Mitte) etwa 5–7 Minuten goldbraun und knusprig backen – dabei unbedingt gut im Auge behalten, sie können sehr schnell verbrennen! Einmal wenden, dann weitere 7–8 Minuten backen. Aus dem Ofen nehmen und auf Kuchengittern lauwarm oder vollständig abkühlen lassen. Zu Hummus oder anderen Dips reichen.

Tipp

Fertig gekaufte Pitafladenbrote oder -taschen können in ihrer Dicke sehr variieren und somit auch die Backzeit der Chips. Ideal für dieses Rezept sind möglichst dünne Fladen (diese werden oft als „orientalische Wraps" angeboten). Oder noch besser: ganz dünne, zweilagige Fladen, die es in türkischen Imbissen gibt. Wer dickere Fladen nimmt, sollte die Backzeit anpassen und die Chips knapp doppelt so lange backen.

8
7

ISRAELI
Breakfast

VON FRÜH BIS SPÄT …

ISRAELI
Breakfast

Entstanden ist die Tradition des „Israeli Breakfast" in den Kibbuz-Einrichtungen des Landes, in denen das Wohl der Gemeinschaft an oberster Stelle steht: Dort nahm man frühmorgens, vor der Feldarbeit, lediglich ein kleines, leichtes Frühstück ein und gönnte sich später, wenn es zu heiß zum Arbeiten wurde, ein zweites, üppigeres Frühstück: mit Eiergerichten, frischen Salaten, Rohkost und Oliven, kombiniert mit herrlichen Dips wie z. B. Hummus oder Baba Ganoush (s. S. 133) und Milchprodukten wie z. B. Frischkäse, Labneh (s. S. 88) und anderen Käsesorten. Diese Tradition, bereits zum Frühstück von einem reichen Buffet zu schlemmen, etablierte sich schließlich auch in vielen Cafés und Restaurants. Rührei und gebratenen Bacon sucht man hier jedoch vergeblich: Die orthodoxen Speisevorschriften verbieten den Genuss von Milch(produkten) und Fleisch in einer Mahlzeit (Fisch ist dagegen erlaubt). Wie gut, dass da die arabischen Nachbarn eine derartige Vielzahl an vegetarischen und sogar veganen Gerichten kennen, die die gläubigen Juden problemlos integrieren konnten und die heute wichtiger Bestandteil jedes Frühstücksbuffets sind!

Da wir morgens meist eher kurz und knapp frühstücken, gönnen wir uns ein typisches Israeli Breakfast lieber abends mit Freunden und veranstalten einfach ein „Levante-Brinner" (englisch „brinner": eine Wortkombination aus „breakfast" und „dinner"). Herzstück ist eine Pfanne mit heißer Shakshuka, die noch in der Küche garen kann, während alle schon von den bereitgestellten kalten Häppchen naschen. Eingelegtes, Dips, kleine Salate (natürlich auch den typischen Israeli-Salat von S. 117), Zucchinipuffer und frisch gebackenes, duftendes Brot. Wer will, reicht zur scharfen Eierpfanne dann anschließend einfaches, beim türkischen Imbiss gekauftes Fladenbrot, mit dem man Eier und Tomatensauce direkt aus der Pfanne dippt, oder stellt frisch gebackenes Kubaneh bereit, super modernes Pull-Apart-Bread nach jemenitischem Traditionsrezept, mit dem man Gäste gleichermaßen verwöhnen und beeindrucken kann. Ist die Shakshukapfanne dann leer, geht es munter weiter: mit Brot, Dips und mehr …

Was noch dazu passt

Oliven und eingelegtes Gemüse | Schafskäse, Labneh (s. S. 88), orientalische & türkische Käse (aus dem türkischen Lebensmittelgeschäft) | Gemüsesticks zum Dippen | Hummus (s. S. 74) und so gut wie jeder andere Dip aus diesem Buch …

KUBANEH ZUM SONNTAGSFRÜHSTÜCK

In Israel liebt man Kubaneh zum Sabbatfrühstück – ein Brot, das jemenitische Juden ins Land brachten. Es wird normalerweise bei kleiner Resthitze im Ofen über Nacht gebacken und man kann es dann, ohne einen Finger zu rühren, frisch servieren – mit Süßem oder auch mit herzhafter Chraime-Sauce (eine typische Tomatensauce, s. S. 108.)

ISRAELI PICKLES

Sauer eingelegtes Gemüse wird in Israel schon zum Frühstück gegessen, als Appetizer gereicht oder in Falafel-, Shawarma- oder andere Sandwichs gepackt – weil sie immer im Haus sind, überall passen und definitiv süchtig machen. Also am besten gleich einen Vorrat anlegen!

SHAKSHUKA

Shakshuka ist in Israel der Frühstücksklassiker schlechthin. Dieses koshere Pfannengericht wird traditionell mit scharfer Tomatensauce und pochierten Eiern allerorten, häufig sogar in extra darauf spezialisierten Frühstücks-Restaurants angeboten. Wer möchte, gart für mehr Abwechslung scharfe (türkische) Wurst (Sucuk) oder Ähnliches mit.

1 SHAKSHUKA

2 rote Paprika (s. Tipp)
1 große Zwiebel
2 Knoblauchzehen
4 EL Olivenöl
Salz – Pfeffer
1 EL Tomatenmark
1–3 EL Harissa (s. S. 19)
2 Dosen stückige Tomaten (à 400 g Füllgewicht)
1 TL gemahlener Kreuzkümmel
½ TL gemahlener Koriander
½ TL Honig
4 Eier (Größe M)
120 g Schafskäse (Feta, nach Belieben)
1 kleines Bund Koriandergrün

1. Die Paprika längs halbieren, putzen, waschen und in kleine, ca. 1 cm große Würfel schneiden. Die Zwiebel schälen und würfeln, den Knoblauch ebenfalls schälen und fein würfeln. In einer beschichteten Pfanne das Olivenöl erhitzen, Paprika hineingeben, leicht salzen, pfeffern und unter Rühren 2–3 Minuten bei großer Hitze braten, dann Zwiebel und Knoblauch zugeben und bei mittlerer Hitze weitere 3–4 Minuten braten, bis die Zwiebeln goldgelb sind und die Paprika weicher werden.

2. Tomatenmark und Harissa zugeben und etwa 1 Minute unter Rühren mit anrösten. Dann die Tomaten aus der Dose zügig zugeben und gründlich unterrühren. Mit Kreuzkümmel, Koriander und nochmals Salz und Pfeffer würzen. Alles offen bei mittlerer Hitze 15–20 Minuten garen, bis die Sauce leicht sämig und etwas dicker einkocht. Mit Honig abschmecken.

3. Mit der runden Seite eines Esslöffels gleichmäßig versetzt 4 Mulden in die Sauce drücken. Die Eier aufschlagen und einzeln jeweils vorsichtig in je eine Mulde gleiten lassen, sodass das Eigelb noch schön ganz bleibt. Die Eier leicht salzen und pfeffern. Am besten mit einem Deckel (oder Alufolie) zugedeckt nochmals 10–12 Minuten bei kleiner bis mittlerer Hitze garen, bis die Eier gestockt sind – dabei sollte allerdings das Eigelb flüssig bleiben.

4. Währenddessen den Schafskäse trocken tupfen und in kleine Stücke zerbröckeln. Koriandergrün waschen, trocken schütteln, die Blättchen abzupfen und grob hacken. Shakshuka vom Herd nehmen und mit Schafkäse bestreuen. Kurz ziehen lassen, dann mit übrigem Koriandergrün bestreuen und mit Fladenbrot zum Dippen und Löffeln servieren.

Tipp

Wer will, grillt und häutet die Schoten vorher – das gibt der Shakshuka nicht nur eine schöne Konsistenz, sondern noch mehr (Grill-)Aroma! Am besten gleich ein paar Schoten mehr rösten: Mit etwas Öl, Salz und Pfeffer und ein paar frischen Kräutern passen sie perfekt zu jedem Mezze- oder Frühstücksbuffet! Hierfür den Backofen auf 250 °C (Ober-/Unterhitze) vorheizen. In der Zwischenzeit die (normale) Paprika längs vierteln, waschen, putzen und mit der Hautseite nach oben auf ein mit Backpapier ausgelegtes Blech legen. Im heißen Ofen (oben) 25–30 Minuten garen, bis die Haut große schwarze Blasen wirft. Herausnehmen, kurz abkühlen lassen, dann noch warm in einen Plastikgefrierbeutel geben, diesen oben zusammendrehen und die Schoten darin abkühlen lassen – so lassen sich die Schoten anschließend ganz leicht mit einem Messer häuten. Die Paprikaschoten klein schneiden und erst mit den Tomaten zu den angebratenen Zwiebeln und Knoblauch in die Shakshuka geben – das spart auch Garzeit vorneweg.

2 SELBSTGEMACHTER FRISCHKÄSE
Labneh

600 g Joghurt (s. Tipp)
Salz

1. Ein feines Sieb mit einem sauberen Mulltuch auslegen, sodass es an den Rändern gut überhängt. Joghurt mit ¼ TL Salz mischen, dann in das Tuch geben. Das Tuch über dem Joghurt leicht zusammendrehen und mit einer Schnur zu einem „Säckchen" zusammenbinden.

2. Das Säckchen an einem Kochlöffelstiel befestigen, den man so über eine ausreichend große Schüssel hängt, sodass das Säckchen den Boden nicht berührt und die Molke gut abtropfen kann. Im Kühlschrank mindestens 12 Stunden, eher 24–36 Stunden abtropfen lassen, bis der Joghurt zu einer festen krümeligen Käsemasse geworden ist oder, je nach Rezept, auch kürzer abtropfen lassen, sodass er noch cremig ist, oder länger, sodass er außen recht trocken ist und nur noch innen leicht cremig ist (z. B. für Labnehbällchen, s. S. 89).

Tipp

Für Labneh eignet sich Joghurt mit 3,5 % Fettgehalt ebenso wie griechischer Joghurt mit 10 % Fettgehalt – je fetter, desto cremiger und sahniger wird der fertige Frischkäse im Geschmack. Wer möchte, nimmt auch einmal Ziegenmilchjoghurt oder eine 1 : 1 Mischung aus Ziegen- und Kuhmilchjoghurt.

3 LABNEH
mit Kräuterpesto

1 Portion Labneh (s. Tipp)
50 g ungesalzene Pistazienkerne
30 g Walnusskerne
1 Knoblauchzehe
1 Bio-Zitrone
1 Bund Petersilie
4 Zweige Minze
2 Zweige Thymian
4 Zweige Oregano
3 EL Berberitzen (s. S. 33)
125 ml Olivenöl
Salz – Pfeffer
Chiliflocken

1. Den Labneh wie beschrieben, zubereiten und 12–24 Stunden abtropfen lassen, er sollte schön cremig sein.

2. Erst die Pistazien, anschließend die Walnusskerne in einer Pfanne ohne Fett leicht braun rösten, dann herausnehmen und abkühlen lassen. Inzwischen Knoblauch schälen und fein hacken. Die Zitrone waschen, abtrocknen und die Schale fein abreiben, den Saft auspressen. Die Kräuter waschen, trocken schütteln, Blättchen abzupfen und fein hacken. Berberitzen grob hacken.

3. Die abgekühlten Nüsse im Blitzhacker nur grob zerkleinern. Mit den Kräutern, der Zitronenschale, Knoblauch, den Berberitzen und dem Öl mischen. 10 Minuten ziehen lassen. Dann mit 3–4 Spritzern Zitronensaft, Salz, Pfeffer und Chiliflocken würzen. Labneh in eine Schüssel geben, glatt streichen und die Kräutermischung samt Öl darüber geben.

4

EINGELEGTE *Labnehbällchen*

1 Portion Labneh (s. S. 88)
5 Zweige Thymian
½ TL getrockneter Oregano
½ TL schwarze Pfefferkörner
300 ml (natives) Olivenöl

1. Den Labneh wie beschrieben zubereiten und mindestens 24, eher 36 Stunden, abtropfen lassen. Den Thymian waschen und gut trocken tupfen. Die Hände mit etwas Olivenöl benetzen und damit aus der Joghurtmasse walnussgroße Bällchen formen. Die Käsebällchen abwechselnd mit dem Thymian in ein sauberes, ausreichend großes Glas mit Bügelverschluss schichten. Den Oregano und die Pfefferkörner zugeben und alles mit Olivenöl aufgießen, bis die Bällchen gut bedeckt sind.

2. Das Glas gut verschließen und in den Kühlschrank stellen. Die Bällchen sollten mindestens 2 Tage durchziehen. Gut gekühlt halten sie so gut 3 Wochen.

Tipp

Zum Servieren die Bällchen herausnehmen und mit Schwarzkümmel, Chiliflocken und gehackter Minze bestreut servieren oder mit Zatar (s. S. 150) oder Baharat (s. S. 151) bestreuen.

5 ZUCCHINI-*Kräuter-Puffer*

3–4 kleine, feste Zucchini (ca. 300 g)
Salz
1 Zwiebel
1 Knoblauchzehe
½ Bund Dill
½ Bund Petersilie
3 Zweige Minze
3 Eier (Größe M)
Öl zum Braten
100 g Schafskäse (Feta)
3 EL Mehl
Salz – Pfeffer
¼ TL gemahlener Piment
½ TL gemahlener Kreuzkümmel

1. Die Zucchini waschen, putzen und auf der Rohkostreibe grob raspeln. Die Zucchiniraspel in ein Sieb geben, mit 1 guten Prise Salz mischen und 15 Minuten Wasser ziehen lassen. Danach gründlich mit den Händen auspressen, damit so viel Wasser wie möglich austreten kann.

2. Währenddessen die Zwiebel und den Knoblauch schälen und fein hacken. Die Kräuter waschen, trocken schütteln, die Blättchen abzupfen und fein hacken. Die Eier in einer Schüssel verquirlen. In einer beschichteten Pfanne 2–3 EL Öl erhitzen, darin Zwiebel und Knoblauch goldgelb dünsten. Vom Herd nehmen und zu den Eiern geben.

3. Kräuter und Zucchiniraspel zu den Eiern geben. Käse trocken tupfen und mit einer Gabel zerbröckeln. Mit dem Mehl unter die Eiermasse rühren. Mit Salz, Pfeffer, Piment und Kreuzkümmel würzen. In einer Pfanne knapp 5 mm hoch Schicht Öl erhitzen. Je 1 EL von der Zucchinimasse abnehmen, hineingeben und leicht flach drücken. Die Zucchini-Puffer bei mittlerer Hitze beidseitig jeweils 2–3 Minuten knusprig braun backen. Herausnehmen und auf Küchenpapier abtropfen lassen.

6 SCHAFSKÄSE-*Kräuter-Creme*

400 g griechischer Joghurt (10 % Fett)
100 g Schafskäse (Feta)
1 Knoblauchzehe – Salz
je 5 Zweige Petersilie und Dill
2 Zweige Minze
60 g (Sommer-)Portulak (s. Tipp)
Pfeffer – Chiliflocken
1–2 Spritzer Zitronensaft

1. Ein (Spitz-)Sieb mit einer großen Kaffeefiltertüte oder einem sauberen Mulltuch auslegen. Den Joghurt hineingeben, das Sieb über eine Schüssel hängen und den Joghurt so 1 Stunde abtropfen lassen.

2. Inzwischen den Schafskäse trocken tupfen und mit einer Gabel fein zerbröckeln. Knoblauch schälen und hacken, dann mit der flachen Seite einer Messerklinge zusammen mit 1 Prise Salz fein zermusen. Die Kräuter und den Portulak waschen, trocken schütteln und eventuell putzen. Die Blättchen abzupfen und grob zerschneiden oder hacken.

3. Den Joghurt mit Schafskäse verrühren und mit Salz, Pfeffer, 2–3 Msp. Chiliflocken und Zitronensaft würzen. Die Kräuter und den Portulak unterheben, ein wenig für die Deko beiseitelegen. Möglichst noch 30 Minuten (im Kühlschrank) durchziehen lassen, zum Servieren mit übrigen Kräutern bestreuen.

Tipp

Sommerportulak findet man inzwischen häufiger auf Bauern- und Wochenmärkten. Er wird normalerweise als Salat gegessen, in den Ländern des östlichen Mittelmeers aber auch gerne als Zutat für Saucen und Dips genommen. Alternativ passt Rucola sehr gut.

5
6

7

JEMENITISCHES ZUPFBROT

Kubaneh

Für den Teig:

½ Würfel Hefe (ca. 21 g)

60 g Zucker

500 g Weizenmehl (Type 405)

Salz

1 Ei (Größe M)

1–2 EL Olivenöl

100 g sehr weiche Butter

Zum Bestreichen:

1 Ei (Größe S)

1 EL Zucker

1 TL heller und schwarzer Sesam

½ TL Schwarzkümmelsamen

1. Die Hefe in ein Schälchen bröckeln. Etwa 100 ml lauwarmes Wasser dazugeben und mit der Hefe und 1 TL Zucker verrühren. Dann ca. 10–15 Minuten an einem warmen Ort stehen lassen, bis die Hefe zu arbeiten beginnt. Währenddessen den übrigen Zucker, Mehl und ¾ TL Salz in einer Rührschüssel mischen.

2. Den Hefeansatz mit 150–180 ml lauwarmem Wasser zum Mehl geben und alles mit den Knethaken des Handrührgeräts oder der Küchenmaschine auf kleiner Stufe in etwa 5–6 Minuten zusammenkneten. Das Ei zugeben und unterkneten. Dann weitere 5–6 Minuten auf höchster Stufe kneten, bis ein flaumiger, eher weicher Teig entstanden ist, gegebenenfalls noch etwas lauwarmes Wasser zugeben. Eine Schüssel dünn mit Olivenöl ausstreichen, den Teig zur Kugel formen, hineingeben und ebenfalls mit Öl bestreichen. Die Schüssel mit Frischhaltefolie verschließen und den Teig mindestens 12 Stunden (über Nacht) im Kühlschrank gehen lassen.

3. Am nächsten Tag den Teig aus dem Kühlschrank nehmen und an einem warmen Ort 45–60 Minuten Zimmertemperatur annehmen lassen. Den Teig in 8 etwa gleich große Portionen teilen. Jedes Teigstück mit wenig Mehl rund formen. Eine unempfindliche Arbeitsfläche (Stein, Kunststoff oder eine Backmatte) dünn mit weicher Butter bestreichen. Ein Teigstück darauf zu einem etwa 15 x 20 cm großen Rechteck möglichst dünn ausrollen bzw. mit den Fingern flach drücken – es macht nichts, wenn der Teig an einigen Stellen einreißt oder Löcher bekommt.

4. Den Teig obenauf dünn mit Butter bestreichen und (mithelfe eines Teigschabers) von der Unterlage lösen. Daneben eine zweite Portion Teig in derselben Größe auf bebuttertem Untergrund ausrollen, mit Butter bestreichen, lösen und direkt auf das erste Stück legen. Beide Stücke zusammendrücken und nochmals etwas flacher drücken. Dann von der langen Seite her gleichmäßig mithilfe des Teigschabers zu einer Rolle aufrollen und auf Backpapier beiseitelegen. Den Vorgang so mit immer je 2 Teigportionen wiederholen, bis man 4 Rollen hat.

5. Die Rollen dann jeweils quer in 8 gleichmäßig dicke Scheiben schneiden, ohne den Teig dabei allzu sehr zu zerdrücken. Eine Springform (Ø 28 cm) mit Butter ausstreichen. Die Teigrollen jeweils mit der Schnittseite nach oben nebeneinander in die Form legen – es macht nichts wenn etwas Platz dazwischen ist. Mit einem feuchten, sauberen Tuch abdecken und 30–45 Minuten an einem warmen Ort gehen lassen.

6. Den Backofen auf 180 °C (Ober-/Unterhitze) vorheizen. Das Ei mit 2 EL Wasser und Zucker verrühren und die Teigrollen oben damit bestreichen, mit Sesam und Schwarzkümmel bestreuen. Dann im heißen Ofen (unten) 35–45 Minuten goldbraun backen, dabei eventuell gegen Ende mit Backpapier abdecken. Kubaneh aus dem Ofen nehmen, abkühlen lassen und aus der Form lösen.

8

PIZZABROT
Manakish

Für den Teig:

10 g frische Hefe (ca. ¼ Würfel, oder 5 g Trockenhefe, s. Tipp)

1 TL Honig

400 g Weizenmehl (Type 550)

Salz

5 EL Olivenöl

Mehl zum Arbeiten

Für den Belag:

150 ml Olivenöl

4 EL Zatar (s. S. 150)

2 TL getrockneter Thymian

1 TL getrockneter Oregano

1. Die Hefe in ein Schälchen zerbröckeln und mit 50 ml lauwarmem Wasser und Honig verrühren. Mit einem sauberen Tuch abgedeckt etwa 10–15 Minuten stehen lassen, bis die Hefe zu arbeiten beginnt. Inzwischen das Mehl in einer Rührschüssel mit ¾ TL Salz mischen und eine Mulde eindrücken.

2. Den Hefeansatz in die Mulde gießen. Weitere 150 ml lauwarmes Wasser gründlich mit Olivenöl verquirlen, zugießen und alles ca. 5 Minuten mit den Knethaken des Handrührgeräts auf kleiner Stufe kneten, bis sich alle Zutaten verbunden haben. Dann weitere 5–10 Minuten auf höchster Stufe kneten, bis der Teig samtig weich und elastisch ist. Gegebenenfalls anfangs noch Wasser zugeben, die Teigmasse sollte zu Beginn eher klebrig feucht sein; sie wird im Verlauf des Knetens automatisch fester.

3. Den Teig zu einer Kugel rollen und in eine leicht bemehlte Schüssel legen. Die Schüssel mit einem sauberen Tuch abdecken und den Teig 30 Minuten bei Zimmertemperatur gehen lassen. Anschließend nochmals kräftig auf einer bemehlten Arbeitsfläche durchkneten. Dann in 18 etwa gleich große Portionen teilen und daraus jeweils ca. 1 cm dicke, runde Teigfladen (ca. Ø 10 cm) ausrollen. Die Fladen mit etwas Abstand zueinander auf 2 mit Backpapier ausgelegte Bleche verteilen, mit sauberen Geschirrtüchern abdecken und an einem kühlen Ort 4–5 Stunden ruhen lassen.

4. Den Backofen auf 220 °C (Ober-/Unterhitze) vorheizen. Für den Belag das Olivenöl mit Zatar, Thymian und Oregano verrühren und großzügig auf den Fladen verteilen. Die Bleche mit den Fladen im heißen Ofen (Mitte) nacheinander jeweils 12–15 Minuten goldbraun backen. Herausnehmen, noch 5 Minuten abkühlen lassen, dann servieren.

Tipp

Manakish werden oft schon zum Frühstück mit cremigem Labneh (s. S. 88), Oliven, frischen Tomaten- und Gurkenscheiben gereicht. Wer will, bestreicht die Fladen auch einmal nur mit Olivenöl und bestreut sie mit (grobem) Meersalz und eventuell etwas gehacktem Rosmarin. Auch lecker: geriebenen Mozzarella (Fertigprodukt) darauf verteilen oder ganz dünn ausgestrichene stückige Tomaten aus der Dose, gemischt mit Zwiebelwürfeln, etwas Olivenöl, Salz und Pfeffer. Diese Tomatenpizzen dann anschließend mit Zatar (s. S. 150) oder Dukkah (s. S. 151) bestreuen.

9 WINTER-*Israeli-Salat*

2 dicke Möhren
2 Rote Bete
150 g Knollensellerie
3 (Blut-)Orangen
1 TL körniger Senf
2 EL Weißweinessig
1 TL Granatapfelmelasse (s. S. 150)
Salz – Pfeffer
4 EL Olivenöl
¾ TL Schwarzkümmelsamen
½ Granatapfel
½ Bund Petersilie

1. Das Gemüse schälen und auf der Rohkostreibe in feine Stifte (Julienne) hobeln. Blutorangen halbieren, von einer Hälfte den Saft auspressen. Den Saft mit Senf, Essig und Granatapfelmelasse verrühren, salzen und pfeffern. Dann das Öl unterschlagen und mit dem Gemüse und gut der Hälfte des Schwarzkümmels mischen. Den Salat 10–15 Minuten ziehen lassen.

2. Inzwischen von den übrigen Orangenhälften die Schale samt weißer Haut mit einem scharfen Messer weg schneiden (dazu die Hälften mit der Schnittfläche nach unten auf ein Brett legen und die Schale in Streifen von oben nach unten wegschneiden). Die geschälten Orangenhälften jeweils längs halbieren und quer in dünne Scheiben schneiden, dabei eventuell Kerne entfernen und den Saft auffangen.

3. Die Granatapfelkerne aus den Häuten und der Schale lösen. Petersilie waschen, trocken schütteln, Blättchen abzupfen und grob zerschneiden. Orangenstücke samt Saft und einem Großteil der Granatapfelkerne und der Petersilie vorsichtig unter den Salat heben. Mit übrigen Granatapfelkernen, Petersilie und Schwarzkümmel bestreuen.

10 MELONEN-*Avocado-Salat*

½ kleine Wassermelone (ca. 1 kg)
2 Mini-Gurken
1 kleine rote Zwiebel
2 reife, feste Avocados
150 g Schafskäse (Feta)
½ Zitrone
2 TL Honig
⅓ TL Chiliflocken
3 EL Olivenöl
Salz – Pfeffer
2 Zweige Minze
2–3 TL Dukkah (s. S. 151)

1. Die Melone in ca. 1,5 cm breite Scheiben schneiden, diese wiederum in ca. 1,5 cm breite Streifen. Dabei die Schale wegschneiden und so viel Kerne wie möglich entfernen. Die Streifen anschließend würfeln. Die Gurken waschen und in ca. 4–5 mm dicke Scheiben schneiden. Die Zwiebel schälen, längs halbieren und längs in feine Streifen schneiden. Die Avocados längs halbieren, Kern und Schale entfernen und das Fruchtfleisch etwa gleichgroß wie die Melone würfeln. Den Feta trocken tupfen und mit einer Gabel grob zerbröckeln.

2. Saft der Zitrone auspressen und mit Honig und Chiliflocken verrühren, Öl unterschlagen, mit Salz und Pfeffer würzen. Minze waschen, trocken schütteln, die Blättchen abzupfen und in Streifen schneiden. Das Dressing mit Melone, Gurke und Avocado mischen. Alles mit Schafskäse, Minze und Dukkah bestreuen.

Tipp

Der Salat ist sommerlich, erfrischend und passt perfekt zum Grillfest oder als kleiner abendlicher Sommer-Imbiss. Wer möchte, serviert ihn mit gebratenem oder gegrilltem Halloumi anstelle von Schafskäse.

10
9

11 ISRAELI *Gemüsepickles*

500 ml Weißweinessig
75 g Salz
75 g Zucker
1 Lorbeerblatt
1 EL gemahlene Kurkuma
1 TL Kreuzkümmelsamen
1 TL Schwarzkümmelsamen
2 TL Harissa (s. S. 19)
1 kleiner Blumenkohl
3 Stangen Staudensellerie
2 dicke Möhren
1 rote Paprika

1. Den Essig mit 1 l Wasser, Salz und Zucker unter Rühren zum Kochen bringen. Die Gewürze einrühren, aufkochen lassen, zuletzt Harissa unterrühren. Abkühlen lassen und 1–2 Stunden zugedeckt ziehen lassen.

2. Inzwischen den Blumenkohl waschen, putzen und in kleine, möglichst mundgerechte Röschen brechen oder schneiden. Den Sellerie waschen, putzen und schräg in 3–5 mm dicke Scheiben schneiden. Die Möhren schälen, putzen und schräg in ca. 3 mm dicke Scheiben schneiden. Paprika längs halbieren, waschen, putzen und längs in 2 cm breite Spalten schneiden. Alles in einer weiten, flachen Schale mit hohem Rand oder einem hohen, verschließbaren Glas verteilen – das Gemüse sollte beim Übergießen mit der Essigmarinade vollständig bedeckt sein.

3. Die Essigmischung erneut aufkochen und über das Gemüse gießen. Abkühlen lassen und zugedeckt (oder im verschlossenen Glas) 2–3 Tage durchziehen lassen. Gekühlt hält sich das Gemüse gut 1 Woche.

12 SCHNELLE *Gurkenpickles*

500 g Mini-Gurken
1 Knoblauchzehe
1 rote Chilischote
4 Zweige Dill
180 ml Weißweinessig
50 g Zucker
1 ½ TL Salz
1 TL helle Senfkörner
½ TL Korianderkörner

1. Die Gurken waschen und längs in Achtel schneiden. Knoblauch schälen und in Scheiben schneiden. Chilischote waschen und in dicke Ringe schneiden. Dill waschen, trocken schütteln, Spitzen abzupfen und grob hacken.

2. Den Essig mit Zucker, Salz, Senf- und Korianderkörnern in einen Topf geben und unter Rühren aufkochen lassen. Chilischote und Knoblauch zugeben und alles 2 Minuten leicht kochen lassen, dann die Gurken zugeben und 2 Minuten leicht mitkochen lassen.

3. Gurken mit einem Schaumlöffel herausheben und dicht an dicht in ein sauberes Einmachglas (250–300 ml) füllen, Dill dazwischenstreuen. Sud nochmals aufkochen und über die Gurken gießen, das Glas bis zum Rand füllen. Sofort verschließen und auskühlen lassen. Die Gurken 2–3 Tage an einem kühlen Ort ziehen lassen. Ungeöffnet halten sie sich gut 2–3 Monate.

11
12

Street FOOD

LECKERES AUF DIE HAND

Street FOOD

Fast Food hat es in Israel, Palästina, dem Libanon und den angrenzenden Ländern traditionell eher schwer. Denn die heimische Konkurrenz für etablierte Fast-Food-Ketten ist groß und vor allem – zu gut: Auf den riesigen Märkten wie z. B. dem Carmel Markt in Tel Aviv oder dem Mahane Yehuda Markt in Jerusalem bieten unzählige Stände Street Food vom Feinsten: Frisch gegrilltes Fleisch, Shawarma, Fisch oder Falafeln werden in tellergroße Brotfladen gepackt. Obenauf kommen knackige Salate, Gemüsepickles, würzige Saucen und bundweise gehackte Kräuter. Und genau deswegen stehen die Kunden hier Schlange: sie wollen frisches und vielfältiges Essen, das rundum satt macht – den Magen und die Seele gleichermaßen. Hier ist Fast Food echtes Slow Food aus saisonalen, superaromatisch schmeckenden Zutaten, die aus dem Umland stammen.

Wenn wir zum Levante-Street-Food laden, muss keiner fürchten, ein fertiges Sandwich in die Hand gedrückt zu bekommen. Allerdings ist Arbeit für die Gäste angesagt: Die einzelnen Bestandteile von Sabbich, Tunesischem Sandwich oder Shawarma-Fladen werden einzeln in Schalen und auf Platten bereitgestellt. Das hat für mich den Vorteil, dass ich vieles schon gut vorbereiten, klein schneiden und anrichten kann und dann meist jeweils nur noch eine (warme) Hauptzutat am Ende mit auf den Tisch kommt. Dann kann sich jeder ganz nach persönlicher Vorliebe selber Pitataschen und Brotfladen füllen oder aber alles ganz manierlich und fein säuberlich getrennt auf einen Teller legen und mit Brot dazu essen – die eine Variante spart Geschirr, die andere eventuell das Waschen saucenbekleckerter Kleidung. Nach Wunsch lassen sich zu allem noch frischer Salat, ein paar Knabbereien vorneweg oder ein anschließender Nachtisch reichen. So oder so, die Gäste werden rundum satt und zufrieden sein!

Was noch dazu passt

Falafeln (s. S. 126) und Hähnchen-Shawarma (s. S. 116) | ein frischer Salat, z. B. Erbsensalat mit Feta (s. S. 52), Winter-Israeli-Salat (s. S. 96), Melonen-Avocado-Salat (s. S. 96) | Eingelegtes zum Miteinpacken, z. B. Israeli-Gemüsepickles (s. S. 98), schnelle Gurkenpickles (s. S. 98), Rosa-Rüben-Pickles (s. S. 130), eingelegte Sumach-Zwiebeln (s. S. 131)

SABBICH

Gebratene Auberginen, hart gekochte Eier, Tahin- und Mangosauce (Amba) gehörten ursprünglich zum klassischen Shabbatfrühstück eingewanderter irakischer Juden. Alles zusammen in ein Pitabrot gepackt, wurde unter dem Namen „Sabbich" zum Street Food-Klassiker.

NIZZA-SALAT TRIFFT AUF ORIENT STREET FOOD

Aber in der nordafrikanischen Version: die üblichen Salatzutaten von Thunfisch über Kartoffeln und Oliven mit scharfer Harissamayonnaise in ein Supersize-Sandwich gepackt. Unwiderstehlich!

ZHOUG

Die aus dem Jemen stammende Gewürzpaste erinnert an indisches Chutney und ist oft höllisch scharf – der perfekte Begleiter zu Gegrilltem oder als Würzsauce zu Fleisch, Eiern und Sandwiches!

PITA MIT CHRAIME

Fischragout in scharfer Tomatensauce ist die Antwort aus Nordafrika stammender sephardischer Juden auf den „Gefilten Fisch" der aschkenasischen Juden aus Mitteleuropa – ein in Brot gefüllter, an allen Ecken erhältlicher, leckerer Imbiss.

1 SABBICH

2 Auberginen
4 Eier (Größe M)
3 EL Tahin (s. S. 125)
8 TL Zitronensaft
2 Knoblauchzehen
Salz – Pfeffer
Olivenöl zum Braten
2 Eiertomaten
1 kleine Salatgurke
1 rote Zwiebel oder Schalotte
1 EL grob gehackte Petersilie
2 EL Olivenöl
1 TL Sumach (s. S. 33)
1 große reife Avocado
4 EL scharfes Mangopickle (aus dem Asialaden)
4–6 flache Pitataschen (Fertigprodukt)
2–3 EL Zhoug (s. S. 105)

1. Die Auberginen waschen, putzen, quer in ca. 1 cm dicke Scheiben schneiden, in ein Sieb legen, salzen und ca. 20 Minuten Wasser ziehen lassen. Währenddessen die Eier etwa 8 Minuten hart kochen, kalt abschrecken und abkühlen lassen, anschließend pellen und in Scheiben schneiden. Tahin mit 3 EL Zitronensaft und etwa 6–8 EL Wasser verrühren, sodass eine leicht flüssige Creme entsteht. Den Knoblauch schälen, 1 Zehe dazupressen. Die Sauce mit Salz und Pfeffer würzen.

2. Die Auberginenscheiben kalt abbrausen und gut trocken tupfen. Übrigen Knoblauch fein würfeln. Reichlich Öl – hier sollte man nicht sparen – in einer beschichteten Pfanne erhitzen, darin die Auberginenscheiben bei mittlerer bis großer Hitze 6–8 Minuten beidseitig braten, sie sollten schön weich und gebräunt sein. Gegen Garzeitende Knoblauch zugeben und kurz mitbraten. Auberginen salzen und pfeffern, herausnehmen und auf Küchenpapier abtropfen lassen.

3. Die Tomaten waschen und erst quer in knapp 1 cm dicke Scheiben schneiden, die Scheiben anschließend in knapp 1 cm große Würfel. Die Gurke schälen und ebenfalls in ca. 1 cm große Würfel schneiden. Die Zwiebel schälen und ebenfalls nicht zu klein würfeln. Alles mit Petersilie in eine Schüssel geben, mit 2 TL Zitronensaft und Olivenöl mischen, mit Sumach, Salz und Pfeffer würzen und durchmischen. Avocado längs halbieren, Schale und Kerne entfernen, das Fruchtfleisch in Spalten schneiden und sofort mit dem übrigem Zitronensaft mischen, damit es nicht braun wird. Mangopickle mit etwa 3–4 EL Wasser fein pürieren.

4. Die Pitataschen nach Packungsanweisung aufbacken und leicht abkühlen lassen. In die Öffnung der Taschen Auberginen- und Avocadoscheiben packen. Tahinsauce darüberträufeln. Darauf Eierscheiben und Salat geben und alles nach Belieben mit Mangosauce und Zhoug beträufeln.

Tipp

Wer noch mehr in seiner Pitatasche möchte: In Israel werden oft zusätzlich gerne noch Hummus oder gegarte (Pellkartoffel-)Scheiben dazu gepackt.

2

ZHOUG

40 g Koriandergrün
15 g Petersilie
2 grüne Chilischoten
1 kleine Knoblauchzehe
½ TL gemahlener Kreuzkümmel
¼ TL gemahlener Koriander
¼ TL gemahlener Kardamom
⅓ TL brauner Zucker
2 EL Limettensaft
2–3 EL Olivenöl
Salz – Pfeffer

1. Koriandergrün und Petersilie waschen, trocken schütteln, Blätter samt Stielen grob hacken. Die Chilischoten waschen, putzen und samt Kernen in Ringe schneiden. Knoblauch schälen und ebenfalls grob hacken.

2. Alles mit den gemahlenen Gewürzen, Zucker, Limettensaft, 2 EL Olivenöl und 2 EL Wasser nicht zu fein pürieren. Mit Salz und Pfeffer würzen. Wer möchte, füllt die Sauce in ein verschließbares, sauberes Gläschen und bedeckt die Paste ähnlich wie Pesto mit dem übrigen Olivenöl – so hält sie sich gut 1 Woche im Kühlschrank.

Tipp

Zhoug ist wirklich sehr scharf – daher je nach Schärfeempfinden eventuell erst einmal nur 1 Chilischote mitpürieren – wer es ganz scharf will, erhöht auf 3!

3 THUNFISCH-SANDWICH *Nizza-Style*

je 1 rote, grüne und gelbe Paprika
2 festkochende Kartoffeln
2 Eier (Größe M)
3 Tomaten
2 Frühlingszwiebeln
2 Knoblauchzehen
1 Bund Petersilie
1 EL Rotweinessig
2 EL Olivenöl
Salz – Pfeffer
10 kleine schwarze Oliven (ohne Stein)
1 EL Kapern
2 Dosen Thunfisch (in Öl, à ca. 180 g)
4 Hotdog-Brötchen (Fertigprodukt)
1–2 EL Harissa (s. S. 19)
4 EL Mayonnaise (aus dem Glas)
2–3 EL Zitronensaft

1. Den Backofen auf 250 °C vorheizen. Die Paprika längs vierteln, putzen, waschen und mit der Hautseite nach oben dicht an dicht auf ein mit Backpapier ausgelegtes Blech legen. Die Schoten im heißen Ofen (oben) 25–30 Minuten rösten, bis die Haut dicke schwarze Blasen wirft. Herausnehmen, in eine Schüssel übereinanderlegen und mit einem feuchten Tuch abdecken. Etwas abkühlen lassen, dann die Haut mit einem Spitzmesser abziehen.

2. Gleichzeitig die Kartoffeln in ausreichend Salzwasser 20–25 Minuten garen, abgießen, ausdampfen lassen und möglichst noch lauwarm pellen. Die Eier in kochendem Wasser 8–10 Minuten garen, herausnehmen, abschrecken und in kaltem Wasser abkühlen lassen.

3. Inzwischen die Tomaten unten kreuzweise einritzen. In eine Schüssel geben und mit kochendem Wasser übergießen. 10 Minuten ziehen lassen, dann die Haut mit einem spitzen Messer abziehen. Die Tomaten halbieren, die Kerne und das weiche Innere mit einem Teelöffel entfernen, das Fruchtfleisch fein würfeln.

4. Frühlingszwiebeln waschen, trocken schütteln und mit dem Grün in feine Ringe schneiden. Knoblauch schälen und fein hacken. Petersilie waschen, trocken schütteln, Blättchen abzupfen und fein hacken. Die gehäuteten Paprika klein hacken. Mit den Tomaten, der Hälfte des Knoblauchs, den Frühlingszwiebeln, der Hälfte der Petersilie, Essig und Öl mischen.

5. Kartoffeln in kleine Würfel oder Scheiben schneiden. Die Eier pellen und in Scheiben schneiden. Oliven in Ringe schneiden, Kapern nach Belieben klein hacken. Thunfisch gründlich abgießen und klein zerzupfen. Mit Kapern, Oliven und der restlichen Petersilie mischen, ein wenig Petersilie zurückbehalten.

6. Die Brötchen nach Packungsanleitung aufbacken. Längs bis zur Hälfte aufschneiden, sodass sie an einer Seite noch zusammenhalten. Harissa mit der Mayonnaise glatt verrühren. Den übrigen gehackten Knoblauch mit 1 Prise Salz mit der flachen Seite einer Messerklinge fein zermusen und unter die Mayonnaise rühren. Die Mayonnaise mit Zitronensaft abschmecken.

7. Die Brötchen-Innenseiten gleichmäßig auf der Ober- und Unterseite mit der Harissamayonnaise bestreichen. Den Paprikasalat auf der unteren Hälfte verteilen, darauf Kartoffeln und Eier und den Thunfisch packen. Mit Petersilie bestreuen und die Brötchenhälften vorsichtig leicht zusammendrücken.

4 CHRAIME-SAUCE

2 Zwiebeln

4 Knoblauchzehen

5 EL Olivenöl

1 TL Kreuzkümmelsamen

1 TL brauner Zucker

1 ½ EL Tomatenmark

2 Dosen stückige Tomaten (à 400 g Füllgewicht)

2 TL edelsüßes Paprikapulver

3–4 EL Harissa (s. S. 19)

Salz – Pfeffer

1 Salzzitrone (s. S. 150)

1. Die Zwiebeln schälen, längs halbieren und quer in dünne Ringe schneiden. Knoblauch schälen und fein würfeln. Das Olivenöl in einer beschichteten Pfanne mit höherem Rand erhitzen. Darin die Zwiebeln bei mittlerer Hitze goldgelb dünsten. Kreuzkümmel und Knoblauch zugeben und weitere 3–4 Minuten andünsten. Zucker darüberstreuen und karamellisieren lassen, dann Tomatenmark hinzugeben und unter Rühren kurz mitrösten.

2. Tomaten zugeben, mit Paprikapulver, Harissa, Salz und Pfeffer würzen. Offen 20–25 Minuten bei niedriger bis mittlerer Hitze köcheln lassen, bis die Zwiebeln weich und die Masse schön sämig ist.

3. Die Salzzitrone vierteln, das Innere herausschneiden und die Zitrone längs in feine Streifen schneiden. Salzzitrone unter die Sauce rühren und nochmals 5 Minuten köcheln lassen.

Tipp

In der Chraime-Sauce garen nicht nur die gebratenen Fischbällchen sehr gut, sondern auch genauso roh eingelegte, leicht gesalzene und gepfefferte Fischfiletstücke, Garnelen oder rundum leicht angebratene Hackbällchen.

5 FISCHBÄLLCHEN *in Chraime-Sauce*

800 g weißfleischiges Fischfilet (Seelachs, Rotbarsch)

1 Bio-Zitrone

1 Bund Koriandergrün

½ Bund Petersilie

80–100 g Semmelbrösel

2 Eier (Größe S)

1 TL gemahlener Kreuzkümmel

½ TL gemahlene Kurkuma

Salz – Pfeffer

Olivenöl zum Braten

Chraime-Sauce (s. linke Spalte)

1. Das Fischfilet kalt abbrausen, abtupfen, grob würfeln, dabei eventuell vorhandene Gräten entfernen, kühl stellen. Zitrone heiß abwaschen, abtrocknen, Schale abreiben und den Saft auspressen. Die Hälfte des Koriandergrüns sowie Petersilie waschen, trocken schütteln, Blättchen abzupfen und fein hacken. Den Fisch im Blitzhacker oder der Küchenmaschine mit 4 EL Zitronensaft und der gesamten Zitronenschale, 80 g Semmelbröseln und den Eiern fein zerkleinern. Mit Kreuzkümmel, Kurkumapulver, Salz und Pfeffer würzen. Die Masse zugedeckt 30 Minuten kühl stellen.

2. Die Fischmasse in 16 Portionen teilen, daraus mit angefeuchteten Händen 16 Kugeln formen und diese leicht flach drücken. Reichlich Öl in einer beschichteten Pfanne erhitzen, darin die Fischplätzchen beidseitig 6–8 Minuten bei mittlerer Hitze leicht braun braten. Anschließend in die Chraime-Sauce legen, Sauce leicht darüberlöffeln und weitere 15–20 Minuten bei kleiner Hitze zugedeckt fertig garen. Inzwischen das übrige Bund Koriandergrün waschen, trocken schütteln, Blättchen abzupfen, grob hacken und zum Schluss nach Belieben darüberstreuen.

6

PITA
mit Chraime

4 kleine Pitabrote

1 Bund Frühlingszwiebeln

400 g griechischer Joghurt (10 % Fett)

1 TL gemahlener Kreuzkümmel

gehacktes Koriandergrün (nach Belieben)

Salz – Pfeffer

Chraime-Sauce (s. S. 108)

gebratene Fischbällchen (s. S. 108)

1. Die Pitabrote kurz im Ofen rösten, dann quer halbieren. Die halben Brote an der Schnittseite so einschneiden, dass eine breite, tiefe Tasche entsteht, der Rand aber ganz bleibt. Frühlingszwiebeln waschen, trocken schütteln und nur den grünen Teil in Ringe schneiden.

2. Joghurt mit Kreuzkümmel und nach Wunsch etwas Koriandergrün verrühren, mit Salz und Pfeffer würzen. Die Brottaschen aufbiegen, etwas Zwiebelgrün, dann von den Fischbällchen und der dick eingekochten Sauce hineingeben. Mit Zwiebel- und Koriandergrün bestreuen. Die Joghurtsauce dazu servieren.

Tipp

Die Fischbällchen machen sich auch nur gebraten ohne Sauce gut auf jeder Mezze-Tafel: Kalt oder lauwarm auf Rucola oder kleingeschnittenem Salat anrichten und mit Koriandergrün bestreuen.

7 PULLED-LAMB-*Shawarma*

1,2 kg Lammschulter (oder Keule ohne Knochen, mit Fett)

2 Knoblauchzehen

1 gestr. EL gemahlener Kreuzkümmel

1 gestr. EL gemahlener Koriander

1 TL Sumach (s. S. 33)

2 TL edelsüßes Paprikapulver

1 TL gemahlener Kardamom

⅓–½ TL Chilipulver

⅓ TL gemahlene Nelken

⅓ TL Ingwerpulver

⅓ TL gemahlener Zimt

4 Msp. frisch geriebene Muskatnuss

Zucker – Salz – Pfeffer

3 EL Zitronensaft

4–5 EL Olivenöl

1 große Zwiebel

Saft von 1 Orange

150–200 ml Lammfond (aus dem Glas)

1. Das Lammfleisch kalt abspülen und trocken tupfen, das Fett bis auf eine ca. 3 mm dünne Schicht abschneiden. Knoblauch schälen und fein hacken. Mit den gemahlenen Gewürzen, ¾ TL Zucker, ¾ TL Salz und reichlich Pfeffer, Zitronensaft und Olivenöl mischen, dabei so viel Öl zugeben, bis eine cremige, nicht zu flüssige Masse entstanden ist. Das Fleisch damit bestreichen bzw. die Gewürzpaste einmassieren. Das Fleisch in einen verschließbaren Gefrierbeutel geben und 12 Stunden (am besten über Nacht) darin marinieren.

2. Am nächsten Tag den Backofen auf 160 °C (Ober-/Unterhitze) vorheizen. Zwiebel schälen, längs halbieren und quer in dünne Ringe schneiden. Zwei Drittel davon in einen (Gusseisen-)Bräter, das Fleisch mit der Fettseite nach oben darauflegen, dabei nochmals gründlich Marinade auf dem Fleisch verteilen. Übrige Zwiebel oben aufstreuen und um das Fleisch herumlegen. Mit Orangensaft und gut der Hälfte des Fonds aufgießen. Den Bräter mit dem Deckel verschließen und im heißen Ofen (unten) gut 2 Stunden garen.

3. Anschließend den Deckel abnehmen und das Fleisch 1–1½ Stunden weitergaren, dabei drei- bis viermal mit der ausgetretenen Garflüssigkeit begießen; sollte diese sehr einkochen, nochmals etwas Fond zugeben.

4. Bräter aus dem Ofen nehmen und das Fleisch aus der Garflüssigkeit heben. Fleisch in Alufolie einschlagen und 15–20 Minuten ruhen lassen. Währenddessen die Garflüssigkeit samt Zwiebeln (die sind inzwischen so gut wie zerkocht) auf 6–8 EL dick einkochen lassen, warm halten. Das Fleisch mithilfe von 2 Gabeln längs zerfasern, in die Sauce geben, alles mischen und nochmals warm werden lassen.

8 PULLED-LAMB-*Shawarma-Wraps*

2 Zwiebeln

2 EL Sumach (s. S. 33)

200 g griechischer Joghurt (10 % Fett)

½ TL gemahlener Kreuzkümmel

Salz – Pfeffer

2 EL Olivenöl

3 Zweige Minze

½ Bund Koriandergrün

1 kleine Gurke

3 Tomaten

6 dünne, orientalische Brotfladen (Wraps, s. Tipp S. 80)

in ganz feine Streifen geschnittener Eisbergsalat oder Weißkohl (nach Belieben)

Pulled Lamb-Shawarma (s. links)

1. Zwiebeln schälen, in Ringe schneiden und in Sumach wenden. Joghurt mit Kreuzkümmel, Salz und Pfeffer verrühren und das Olivenöl unterrühren. Die Kräuter waschen, trocken schütteln und die Blättchen abzupfen. Ein paar davon grob zerzupfen und beiseitelegen, den Rest fein hacken und unter den Joghurt mischen. So viel Wasser unterrühren, bis eine dickflüssige Creme entstanden ist. Gurke waschen, längs halbieren, entkernen, dann in 1 cm große Würfel schneiden. Tomaten waschen, halbieren, Kerne und Stielansatz entfernen, das Fruchtfleisch ebenfalls würfeln.

2. Die Fladen eventuell nach Packungsanweisung aufbacken. Mit etwas Joghurtcreme bestreichen, nach Belieben erst etwas Salat oder Kohl darauf geben, dann Lammfleisch, Tomaten, Gurke und Zwiebeln. Zum Schluss mit den beiseitegelegten Kräuterblättchen bestreuen und die Fladen aufrollen.

Tipp

Wer möchte, bereitet das Fleisch für das Pulled-Lamb-Shawarma früher vor, lässt es abkühlen und kocht die Sauce ein. Kurz vor dem Essen dann den Backofengrill heiß werden lassen. Von dem Bratensaft, auf dem sich oben das Fett bereits leicht abgesetzt hat, 3 EL Fett abnehmen, mit dem Fleisch mischen und auf einem (mit Backpapier ausgelegten) Blech verteilen. Das Fleisch unter dem Grill (oben) 6–7 Minuten grillen, bis es obenauf schön gebräunt ist. Herausnehmen und nochmals mit 3–4 EL Bratensaft (ohne Fettschicht) mischen.

Shawarma KOMPLETT

... ES MUSS NICHT IMMER FLEISCH SEIN

Shawarma KOMPLETT

Egal ob in den Metropolen des Libanon, Palästinas, Israels, Jordaniens oder Syriens – die dick mit Fleisch bepackten Drehspieße sieht man dort an jeder Ecke. Was man aus der Türkei als Döner oder in Griechenland als Gyros kennt, gibt es hier in orientalisch gewürzter Version: früher hauptsächlich Lamm, heute vielfach auch Rindfleisch oder Huhn, wird mit einer kräftigen Würzmarinade versehen, auf Spieße gesteckt und gegrillt. Die äußere, leicht kross gegarte Schicht wird dann lagenweise heruntergeschnitten und wandert mit jeder Menge anderer Zutaten in Brotfladen. Verwendet werden dazu gerne Pitabrote oder riesige dünne Brotfladen, damit noch jede Menge mehr an wunderbaren Zutaten, die levantinische Shawarmastände in ihrem reichen Angebot haben, mit dazugepackt werden können: Frischer Salat, Gurken- und Tomatenscheiben, Zwiebelringe, (milchsauer-)eingelegtes Picklegemüse und unterschiedlichste Würzsaucen, allen voran Tahinsauce. (s. S. 130)

Das alles findet auch auf unserem Shawarma-Buffet Platz: Den Mittelpunkt bildet selbstverständlich das Fleisch, das, gut mariniert, von alleine im Ofen gart. Währenddessen bleibt Zeit, all die anderen Zutaten bereitzustellen, von denen sich später alle selbst ihre Shawarmafladen oder -teller bauen können. Und wer fleischlos glücklich werden will: Der ofengegarte Blumenkohl ist ebenfalls so toll gewürzt, dass er das Hähnchen nicht nur ergänzen, sondern auch komplett ersetzen kann. Fast ein Muss zu Shawarma ist Tahinsauce, hier allerdings in grüner Variante. Und statt fein geschnittenen Kohlstreifen, Tomaten- und Gurkenscheiben, die meist roh und pur zu Shawarma gepackt werden, gibt es diese Gemüse hier einmal zu knackigen Salaten angemacht. Wer zur ganz großen Shawarma-Party laden möchte, serviert neben Blumenkohl und Huhn noch die Pulled Lamm-Shawarma (s. S. 110), denn aller guten Dinge sind drei …

Was noch dazu passt

Frische Tomaten- und Gurkenscheiben, Paprikastreifen, frische (rote Zwiebelringe) oder eingelegte Sumach-Zwiebeln (s. S. 131) | eingelegte Oliven und Peperoni | Gurken-Joghurt-Dip (s. S. 63) | Tahin-Joghurt-Sauce (s. S. 130), Zhoug (s. S. 105), Baba Ganoush (s. S. 133)

SHAWARMA & POMMES FRITES

Neben Brot werden im Orient häufig auch Pommes frites zur Shawarma gereicht bzw. gleich mit in den Brotfladen gepackt. Unsere feine Alternative: ofengegarte, mit Zatar (s. S. 150) gewürzte Süßkartoffelfritten. Dazu passt am besten Toum (s. unten).

TOUM

Eine extrem knoblauchhaltige Mayonnaise (s. S. 119) aus dem Libanon. Fehlt nur noch etwas Rotes für die klassische „Pommes Schranke"? Versuchen Sie doch mal den scharfen Paprika-Chili-Dip von S. 62, der passt hier ebenfalls perfekt.

AUSGERECHNET BLUMENKOHL

Im Ganzen gerösteter Blumenkohl ist das Markenkennzeichen des israelischen Starkochs Eyal Shani – das an sich simple Gericht ist so lecker, dass inzwischen auch hippe New Yorker in seinem US-Restaurantableger dafür Schlange stehen.

ISRAELI-SALAT

Der einfache Salat aus kleingewürfelten Tomaten, Gurken, Zwiebeln und manchmal Paprika gilt als heimliches Nationalgericht Israels. Als Beilage wird er zu jeder Tageszeit gereicht, oft schon zum Frühstück.

1

HÄHNCHEN-*Shawarma*

6 Hähnchenkeulen (ohne Knochen mit Haut, vom Metzger vorbereiten lassen)
2 Zwiebeln
35 g frischer Ingwer
3 Knoblauchzehen
4 EL Zitronensaft
1 TL Kreuzkümmel
½ TL gemahlene Kurkuma
½ TL Chilipulver
¾ TL edelsüßes Paprikapulver
1 TL Ras el Hanout (s. Tipp)
¼ TL getrockneter Thymian
4 EL Olivenöl
Salz – Pfeffer

1. Das Hähnchenfleisch kalt waschen und gründlich mit Küchenpapier trocken tupfen. Die Zwiebeln schälen, längs halbieren, dann längs in schmale Spalten schneiden. Ingwer und Knoblauch schälen und grob hacken. Mit Zitronensaft, den Gewürzen, Thymian, Öl, 1 TL Salz und reichlich Pfeffer fein pürieren.

2. Das Fleisch rundum mit der Marinade einstreichen und abwechselnd mit den Zwiebelspalten in eine Schüssel schichten. Die Schüssel mit Frischhaltefolie verschließen und das Fleisch in der Marinade mindestens 5 Stunden (oder über Nacht) im Kühlschrank ruhen lassen.

3. Den Backofen auf 180 °C (Ober-/Unterhitze) vorheizen. Die Keulen samt Marinade mit der Haut nach unten auf ein Blech legen, die Zwiebeln darauf verteilen. Die Keulen im heißen Ofen (Mitte) 10 Minuten garen, dann wenden, sodass nun die Hautseite oben liegt, und weitere 10 Minuten garen. Dann den Backofengrill zuschalten, das Blech oben einschieben und die Keulen nochmals 8–10 Minuten grillen, bis die Haut braun und knusprig ist.

4. Das Fleisch herausnehmen und kurz ruhen lassen. Dann in dünne Scheiben schneiden und auf einer Platte mit den Zwiebeln anrichten, den Bratensaft vom Blech darüber gießen und sofort servieren.

Tipp

Ras el Hanout ist eine milde, nordafrikanische Gewürzmischung. Da sie meist aus vielen Gewürzen besteht, wird vorausgesetzt, dass nur der „Besitzer des Ladens" (Ras el Hanout) sie nach jeweils eigenem Rezept zu mischen versteht. Man bekommt sie bei uns in Gewürzgeschäften oder Bioläden.

2

GRÜNE *Tahin-Sauce*

1 kleine Knoblauchzehe
je 10 g Petersilie und Koriandergrün
2 Zweige Minze
3 EL Zitronensaft
2 EL Orangensaft
3 EL Tahin (s. S. 125)
Salz – Pfeffer

Den Knoblauch schälen und grob hacken. Petersilie, Koriandergrün und Minze waschen und trocken schütteln. Von der Minze die Blättchen abzupfen und grob zerschneiden, Koriandergrün und Petersilie samt Stielen grob zerschneiden. Alles mit Zitronen- und Orangensaft sowie Tahin im Mixer oder der Küchenmaschine fein pürieren, dabei etwa 6–8 EL kaltes Wasser nach und nach zugeben, bis eine nicht zu dünnflüssige Sauce entstanden ist. Mit Salz, Pfeffer und Zitronensaft abschmecken.

3 ISRAELI-SALAT

2 Mini-Gurken (oder 1 kleine Salatgurke)

4 Eiertomaten

2 türkische Spitzpaprika

3 Frühlingszwiebeln

1 kleines Bund Petersilie

2–3 EL Zitronensaft

2–3 EL Olivenöl

Salz – Pfeffer

Die Gurken waschen, putzen, erst längs in dünne Scheiben (5–8 mm), diese dann in kleine Würfel schneiden. Die Tomaten waschen, längs in ähnlich dünne Scheiben wie die Gurke schneiden, dabei das Innere, Weiche mit den Kernen entfernen. Dann das Fruchtfleisch ebenfalls ganz klein würfeln. Spitzpaprika halbieren, waschen, putzen und ebenfalls klein würfeln. Frühlingszwiebeln waschen und mit dem Grün in ca. 5 mm dicke Ringe schneiden. Petersilie waschen, trocken schütteln, Blättchen abzupfen und grob hacken. Zitronensaft mit Öl verquirlen und mit den Salatzutaten mischen. Mit Salz und Pfeffer würzen.

VARIANTE

Wer ein etwas raffinierteres Dressing schätzt, verrührt 1 EL Granatapfelmelasse mit 2 EL Zitronensaft, ½ TL Sumach (s. S. 33) sowie 3 EL Olivenöl und würzt alles pikant mit Salz, Pfeffer und Chiliflocken. 3 EL geröstete Pinienkerne dazu peppen den Salat geschmacklich und optisch auf.

4 ORIENTALISCHER *Coleslaw*

½ Weißkohl (ca. 400 g)
1 dicke Möhre
3 Stangen Staudensellerie
Salz – Pfeffer
1 Apfel
2 EL Zitronensaft
5 EL Mayonnaise
4 EL griechischer Joghurt (10 % Fett)
2–3 EL Weißweinessig
3 EL Rosinen
100 g Walnusskerne
2 Frühlingszwiebeln

1. Die Kohlhälfte nochmals längs halbieren, waschen, den Strunk keilförmig herausschneiden, dann den Kohl quer in ganz feine Streifen schneiden oder hobeln. Möhre schälen und grob zum Kohl hobeln. Staudensellerie waschen, Grün abschneiden und beiseitelegen, die Stange in ganz feine Scheiben schneiden und zum Kohl geben. Kohl und Gemüse leicht salzen und pfeffern, dann kräftig mit den Händen durchkneten, bis der Kohl weicher wird und Wasser auszutreten beginnt.

2. Den Apfel waschen, vierteln, das Kerngehäuse entfernen und die Viertel längs in ganz feine Spalten schneiden. Sofort mit 1 EL Zitronensaft mischen. Die Mayonnaise mit Joghurt und Essig verrühren und mit Salz, Pfeffer und 1–2 Spritzern Zitronensaft würzen. Das Dressing mit den Rosinen und den Apfelspalten unter den Kohl mischen und kurz ziehen lassen.

3. Die Walnüsse in einer Pfanne ohne Fett leicht braun rösten, dann herausnehmen und abkühlen lassen, anschließend grob hacken. Frühlingszwiebeln waschen und putzen, den weißen Teil längs achteln und in feine Stückchen schneiden, den grünen in feine Ringe schneiden. Selleriegrün fein hacken. Alles unter den Salat mischen und den Salat nochmals mit Salz, Pfeffer und eventuell Zitronensaft abschmecken. Erneut kurz ziehen lassen und servieren.

5 GEBACKENE SÜSSKARTOFFELN *mit Zatar*

2 Süßkartoffeln (ca. 600 g)
1 Knoblauchzehe
2 EL Olivenöl
1 TL Harissa (s. S. 19)
½ TL gemahlener Kreuzkümmel
Salz – Pfeffer
2 TL Zatar (s. S. 150)
2–3 EL gehacktes Koriandergrün

1. Den Backofen auf 220 °C vorheizen, ein Blech mit Backpapier auslegen. Die Süßkartoffeln schälen und waschen. Jede Kartoffel einmal längs halbieren und die Hälften längs in vier etwa gleich dicke Spalten schneiden. Knoblauch schälen und zum Olivenöl in eine Schüssel pressen. Mit Harissa und Kreuzkümmel verrühren. Die Süßkartoffeln in das Würzöl geben und gründlich darin wenden.

2. Die Kartoffelstücke auf dem Blech verteilen und mit Salz und Pfeffer würzen. Im heißen Ofen (Mitte) 25–30 Minuten garen, dabei einmal wenden. Die Süßkartoffeln aus dem Ofen nehmen und in eine Schale geben, etwas abkühlen lassen, dann mit Zatar und Koriandergrün bestreuen. Lauwarm oder kalt servieren, dazu Toum (s. S. 119) zum Dippen reichen.

VARIANTE
Die Süßkartoffeln werden besonders dekorativ, wenn man sie mit dem Spiralschneider in etwas dickere Spiralen schneidet und diese im Würzöl mariniert.

6

LIBANESISCHE KNOBLAUCH-MAYONNAISE

Toum

10 Knoblauchzehen

Salz

Saft von 1 Zitrone

1 ganz frisches Eiweiß

200–250 ml neutrales Öl (z. B. Sonnenblumenöl)

Eiswürfel

Pfeffer

1. Einige Eiswürfel in ein Glas mit wenig kaltem Wasser geben. Die Knoblauchzehen schälen grob zerschneiden, leicht mit Salz bestreuen und dann mit der flachen Seite einer Messerklinge fein zermusen. Mit 2 EL Zitronensaft und dem zimmerwarmen Eiweiß mit der Küchenmaschine oder mit den Rührbesen des Handrührgeräts aufschlagen, dabei das Öl nach und nach erst tröpfchenweise zufließen lassen, bis die Masse dicker wird.

2. Sobald die Masse cremig-dick wird, das Öl in dünnem Strahl wie bei einer normalen Mayonnaise zufließen lassen, dabei weiterrühren. Zuletzt 2 EL eiskaltes Wasser unterrühren, sodass eine feste, glänzende Creme entsteht. Mit Zitronensaft, Salz und Pfeffer abschmecken.

7 BLUMENKOHL-*Shawarma*

1 Blumenkohl (ca. 1 kg) – Salz
1 EL Olivenöl
40 g Butter
1 Knoblauchzehe
½ Zitrone
1 TL gemahlener Zimt
1 TL Sumach (s. S. 33)
1 TL gemahlener Kreuzkümmel
½ TL gemahlener Kardamom
¼ TL gemahlene Kurkuma
¼ TL Chilipulver
3 Msp. gemahlener Piment
Pfeffer

1. Den Backofen auf 180 °C (Ober-/Unterhitze) vorheizen. Währenddessen in einem großen Topf Wasser zum Kochen bringen. Den Blumenkohl waschen und nur die weichen, laschen Blätter entfernen, die dicken, strunkigen Stiele dran lassen. Den Strunk unten so gerade schneiden, dass der Blumenkohl gut stehen kann.

2. Das kochende Wasser salzen, den Blumenkohl mit dem Strunk nach oben hineinsetzen und offen 6–7 Minuten im sprudelnden Wasser garen. Anschließend herausheben, abtropfen lassen und mit dem Kopf nach oben in eine mit dem Olivenöl ausgepinselte Form setzen.

3. Die Butter bei kleiner Hitze schmelzen, den Knoblauch schälen und dazupressen. Den Zitronensaft auspressen. Die Gewürze mit der Butter mischen, leicht salzen und den Zitronensaft unterrühren. Den Blumenkohl (samt den Strunkblättern) gleichmäßig mit der Gewürzbutter bepinseln, salzen und pfeffern. Die übrige Butter beiseite stellen.

4. Den Blumenkohl in den heißen Ofen (Mitte) stellen und ca. 1 ½–2 Stunden garen. Dabei immer wieder – gut alle 20 Minuten – erst mit der übrigen Gewürzbutter, dann mit dem später nach unten ausgelaufenen Fett bepinseln. Der Blumenkohl ist gar, wenn er sich, mit einem spitzen Messer in der Mitte eingestochen, leicht tief einstechen lässt, und die Strunkblätter außen dunkel gebräunt ist. Wer möchte, schaltet am Ende noch den Grill zu und röstet den Kohl richtig braun – dabei allerdings aufpassen, dass er bzw. die Gewürze nicht verbrennen und bitter werden.

5. Den Kohl herausnehmen, 4–5 Minuten ruhen lassen, dann längs in ca. 1,5 cm dicke Scheiben schneiden und diese leicht zerkleinern. Den Blumenkohl dann wie die Hähnchen-Shawarma auf Brotfladen verteilen und wie bei der Fleischvariante Salat, Tomaten, Gurken, grüne Tahinsauce (s. S. 116) oder den Gurken-Joghurt-Dip (s. S. 63) dazugeben, auch die gebackenen Süßkartoffeln schmecken prima dazu!

Falafel- BAR

GESUND, RUND UND KUNTERBUNT

Falafel- BAR

Falafeln gelten heute als das Nationalgericht Israels. Doch die kleinen frittierten Bällchen aus eingeweichten Kichererbsen und Gewürzen finden sich in vielen Ländern des arabischen Raums und stammen in ihrer Urform wahrscheinlich sogar aus Ägypten. Wem die Ehre gebührt, das Gericht nun tatsächlich erfunden zu haben, ist neben bedeutend größerem ein anhaltender Streitpunkt zwischen Israelis und Arabern. Einigkeit herrscht allerdings in der Überzeugung, dass beinahe nichts über die köstlichen Bällchen geht! Falafeln sind eigentlich ein sehr einfaches oder sogar Arme-Leute-Essen. Serviert einfach nur mit Tehina (Sesamsauce) und ein paar Scheibchen Gemüse, gibt es sie als preiswerte Sattmacher an jeder Straßenecke. Daneben haben sie sich zum fancy All-inclusive-Imbiss gemausert und es so auch weit über die Grenzen des Morgenlandes hinaus geschafft: in Pitabrote gepackt, dick mit Salat, Tehina oder Hummus versehen oder in immer neuen Rezepturen wie z.B. mit Süßkartoffel oder Roter Bete.

Wenn wir zum Falafel-Buffet laden, lassen wir gerne unseren Gästen die Qual der Wahl: Falafel ganz simpel, einfach nur mit etwas Tahinsauce, die ich gerne mit Joghurt zubereite (s. S. 130), und frischem Gemüse oder Salat, das ich mundgerecht zerschnitten oder zerzupft, bereitlege. Als kleine Steigerung nimmt sich dazu wer will petersilienfrischen Tabbouleh. Oder als ultimative Steigerung die Falafel-Tasche, die sich jeder nach Lust und persönlicher Vorliebe aus den bereitgestellten Komponenten zusammenstellen kann: geröstetes Pitabrot, Tahinsauce, eingelegtes und frisches Gemüse, pastenartige Gemüsesalate, die ebenso gut wie Sauce zu Falafeln passen. Und weil ich und meine Gäste bunte Tafeln und Abwechslung lieben, mache ich auch gerne drei verschiedene Falafelvarianten in Grün, Gelb und Rot. Welche am besten schmeckt? Probieren Sie es einfach aus!

Was noch dazu passt

Frische Salatblätter und reichlich Petersilie | in feine Streifen geschnittener Rotkohl, Gurken-, Tomaten- und Avocadowürfel | rote Zwiebelringe | Hummus (s. S. 74), Gurken-Joghurt-Dip (s. S. 63) | Israeli-Gemüsepickles (s. S. 98), schnelle Gurkenpickles (s. S. 98)

TAHIN ODER TEHINA?

Tahin oder Tahini bezeichnet die einfache Paste aus fein gemahlem Sesam. Sie ist nussig und je nach dem, ob sie aus geschälten oder ganzen Samen hergestellt ist, mehr oder weniger bitter. Tehina nennt man in Israel die Basissauce aus Tahin, Knoblauch, Zitronensaft und Wasser, die dort ähnlih wie bei uns Maggiwürze oder Ketchup zu fast allem gereicht wird.

BABA GANOUSH

Oder auch als Mutabbal kennt und liebt man dieses Püree aus gegrillten Auberginen in der gesamten Levante. Es wird gerne als Mezze zu Brot serviert oder als Beilage zu Falafeln und Shawarma.

TABBOULEH

Oft wird dieser in der libanesischen und syrischen Küche verbreitete Salat als Bulgursalat bezeichnet – dabei spielt das Getreide darin die weit geringere Rolle. Üppig Petersilie macht ihn zu einer erfrischenden Beilage zu Gebratenem, Gegrilltem und Frittiertem.

1

GRÜNE FALAFELN -
der Klassiker

250 g getrocknete Kichererbsen
1 kleine Zwiebel
2 Knoblauchzehen
½ Bund Koriandergrün
⅓ Bund Petersilie
1 EL Zitronensaft
1 TL Backpulver
2–3 EL Mehl
1 TL gemahlener Kreuzkümmel
½ TL gemahlener Koriander
¼ TL Chilipulver
Salz – Pfeffer
Öl zum Frittieren

1. Kichererbsen in eine große Schüssel geben und mit reichlich kaltem Wasser übergießen – sie verdoppeln so fast ihr Volumen! Mindestens 12 Stunden (über Nacht) quellen lassen.

2. Am nächsten Tag die Kichererbsen in ein Sieb abgießen, gründlich kalt abbrausen und abtropfen lassen. Zwiebel und Knoblauch schälen und grob würfeln. Die Kräuter waschen, trocken schütteln und mit den Zweigen grob zerschneiden. Alles mit dem Zitronensaft mischen und portionsweise im Mixer zerkleinern; es sollte eine nicht zu feine oder gar cremige Masse entstehen, eher so, dass alles klein und leicht krümelig ist und sich gerade eben verbindet, wenn man es mit den Fingern zusammendrückt.

3. Backpulver mit Mehl mischen, die Gewürze und 2–3 EL Wasser untermengen, sodass eine gut zusammenhaftende, aber nicht zu feuchte Masse entsteht. Mit Salz und Pfeffer würzen, dann mit der Kichererbsenmasse vermengen und zugedeckt 1 Stunde im Kühlschrank ziehen lassen.

4. Aus der Kichererbsenmasse mit angefeuchteten Händen etwa walnussgroße Bällchen formen, dabei gut zusammenpressen, sonst fallen sie beim Frittieren auseinander. In einem Topf oder einer Fritteuse das Öl erhitzen (ca. 180 °C). Um zu testen, ob das Öl heiß genug ist, hält man einen hölzernen Kochlöffelstiel ins heiße Fett. Steigen daran sprudelnd kleine Perlen auf, hat es die richtige Temperatur.

5. Die Falafelbällchen portionsweise ins heiße Fett geben und in 4–5 Minuten knusprig braun frittieren. Dabei nicht zu viele Bällchen auf einmal ins Fett geben. Herausheben und auf Küchenpapier abtropfen lassen. Sofort servieren, oder im 90 °C heißen Backofen warm halten.

Tipp

Wer möchte, macht gleich mehr Falafeln und friert sie, gut abgekühlt, portionsweise ein. Dann auftauen lassen und im 180 °C heißen Ofen auf dem Backrost 5–10 Minuten erhitzen.

2 GOLDENE SÜSSKARTOFFEL-*Falafeln*

2 Süßkartoffeln (à ca. 250 g)
1 Zwiebel
2 Knoblauchzehen
2 Zweige Minze
1 kleiner Zweig Rosmarin
2 Dosen Kichererbsen (à 400 g Füllgewicht)
2–3 EL Mehl
½ TL Backpulver
½ TL gemahlener Kreuzkümmel
½ TL gemahlene Kurkuma
¼ TL Chilipulver
Salz – Pfeffer
Olivenöl zum Bepinseln

1. Den Backofen auf 200 °C (Ober-/Unterhitze) vorheizen. Die Süßkartoffeln gründlich, ringsherum mit einer Gabel mehrmals tief einstechen und auf ein mit Alufolie ausgelegtes Blech legen. Im heißen Ofen (Mitte) ca. 45–60 Minuten garen, dabei einmal wenden. Wenn die Süßkartoffeln sich leicht mit einem Messer einstechen lassen, sind sie gar.

2. Süßkartoffeln aus dem Ofen nehmen, abkühlen lassen, dann längs aufschneiden und das Fruchtfleisch mit einem Löffel aus der Schale herauskratzen. Zwiebel und Knoblauch schälen und grob hacken. Kräuter waschen, trocken schütteln, Blättchen bzw. Nadeln abzupfen und fein hacken. Kichererbsen in ein Sieb abgießen, kalt abbrausen und abtropfen lassen. Alles fein in der Küchenmaschine pürieren, dann Mehl, Backpulver und die Gewürze untermischen, mit Salz und Pfeffer würzen, 30 Minuten zugedeckt kühl stellen.

3. Den Backofen erneut auf 200 °C (Ober-/Unterhitze) vorheizen, Blech mit Backpapier auslegen. Die Teigmasse mit angefeuchteten Händen zu Bällchen und diese dann zu flachen Plätzchen formen, rundum mit Öl bestreichen und auf das Blech legen. Im heißen Ofen (Mitte) 35–40 Minuten backen, nach der Hälfte der Zeit wenden.

3 ROTE-BETE-FALAFELN *aus dem Ofen*

2 Rote Bete (ca. 350 g)
1 Knoblauchzehe
3 Zweige Thymian
50 g Walnusskerne
2 EL Sesam
1 Dose Kichererbsen (400 g Füllgewicht)
3–4 EL Mehl
½ TL getrockneter Oregano
2 TL gemahlener Kreuzkümmel
½ TL Sumach (s. S. 33)
Salz – Pfeffer
Olivenöl zum Bepinseln

1. Die Roten Beten schälen und auf der Rohkostreibe fein raspeln (Gummihandschuhe tragen). Knoblauch schälen, Thymian waschen, trocken schütteln, Blättchen abzupfen und beides grob hacken. Mit Walnüssen und Sesam im Blitzhacker grob mahlen. Kichererbsen in ein Sieb abgießen, kalt abbrausen und abtropfen lassen.

2. Kichererbsen mit der Hälfte der Rote-Bete-Raspel grob pürieren, dann mit übrigen Bete-Raspeln, Mehl, Oregano, Kreuzkümmel und Sumach vermengen, mit Salz und Pfeffer würzen. Den Teig abgedeckt 30 Minuten kühl stellen.

3. Den Backofen auf 200 °C (Ober-/Unterhitze) vorheizen, ein Blech mit Backpapier auslegen. Den Teig mit angefeuchteten Händen erst zu Bällchen, diese dann zu flachen Plätzchen formen, rundum mit Öl bestreichen und auf das Blech legen. Im heißen Ofen (Mitte) 40–50 Minuten backen, nach der Hälfte der Zeit wenden.

2
3

4 ROSA-RÜBEN-*Pickles*

4 kleine Navetten (Navet-Rüben, s. Tipp)
2 Knoblauchzehen
½ kleine Rote Bete
⅛ l Weißwein- oder Apfelessig
2 gehäufte EL Meersalz
1 TL Zucker
1 kleines Lorbeerblatt
1–2 getrocknete Chilischoten (nach Belieben)

1. Rüben schälen, waschen und putzen. Je nach Größe achteln oder in ca. 1 cm dicke Stifte schneiden. Knoblauch schälen und in Scheiben schneiden, Rote Bete schälen (Gummihandschuhe tragen, sie färben) und in Stifte schneiden. Rote Bete und Rüben mischen und in ein großes Bügelglas (ca. 1 l Inhalt) schichten.

2. Essig mit 375 ml Wasser, Meersalz und Zucker zum Kochen bringen, dabei Rühren, bis sich das Salz aufgelöst hat. Gegen Ende Knoblauch, Lorbeerblatt – und wer mag zusätzlich Chilischoten – unterrühren und 1 Minute darin ziehen lassen. Die Essigmischung über das Gemüse gießen, sodass es schön bedeckt ist. Eventuell mit einem kleinen Teller beschweren, damit das Gemüse nicht nach oben schwimmt, dann das Glas verschließen. Bei (niedriger) Zimmertemperatur 1 Woche ziehen lassen. Die Rüben halten sich im verschlossenen Glas im Kühlschrank gut 1 Monat.

Tipp

Navets nennt man in Frankreich allgemein Rüben, bei uns werden damit allerdings meist die zarten Mairübchen (auch Navetten genannt) bezeichnet. Diese sind eng mit den ähnlich aussehenden Herbstrüben verwandt, die sich ebenso gut für diese Pickles eignen, jedoch etwas schärfer sind.

5 TAHIN-JOGHURT-*Sauce*

4 EL Tahin (s. S. 125)
6 EL griechischer Joghurt (10 % Fett)
1 Knoblauchzehe
Saft von 2 Zitronen
4 EL Orangensaft
1 TL gemahlener Kreuzkümmel
Salz – Pfeffer

1. Tahin und Joghurt in ein hohes Mixgefäß geben. Den Knoblauch schälen und dazupressen, gut die Hälfte Zitronen- und den gesamten Orangensaft dazu geben. Alles mit dem Pürierstab fein pürieren, dann nach Belieben mit Kreuzkümmel, Salz und Pfeffer würzen.

2. Nun nach und nach möglichst eiskaltes Wasser dazugeben und weiter pürieren, bis die gewünschte Konsistenz erreicht ist, dabei nach Belieben mit dem übrigen Zitronensaft abschmecken. Die Sauce sollte für Falafeln, genau wie für Salat eher dünnflüssig sein, für andere Verwendungen und zum Dippen kann sie ruhig etwas cremiger bis dicklich sein.

Tipp

Eine einfache Tahinsauce, auch „Tehina" genannt, aus Tahin, Zitronensaft und Knoblauch ist die Grundlage und die einfachste Sauce für viele libanesische Gerichte: Dazu einfach Tahin mit Zitronensaft verrühren und den Knoblauch dazupressen, dann nach und nach so viel kaltes Wasser wie nötig unterrühren und mit Kreuzkümmel, Salz und Pfeffer würzen. Da sich das ölhaltige Tahin schlecht mit Wasser verbindet, zuerst Tahin und Zitronensaft gründlich glatt rühren, dann erst Knoblauch und sehr kaltes Wasser unterrühren – oder, wie oben beschrieben, ganz fix mit dem Pürierstab zubereiten!

6

EINGELEGTE *Sumach-Zwiebeln*

2 rote Zwiebeln
2 Bio-Limetten
200 ml Weißweinessig
¼ TL getrockneter Oregano
1 EL Sumach (s. S. 33)
Zucker – Salz

1. Die Zwiebeln schälen und in Ringe schneiden. Die Limetten heiß waschen, von 1 Limette etwa die Hälfte der Schale als lange Spirale dünn abschälen, den Saft der Limetten auspressen. Essig aufkochen, Limettenschale, Oregano und Sumach zugeben. Zwiebeln hineingeben und die Hitze reduzieren.

2. Alles offen bei kleiner Hitze etwa 2 Minuten leicht köcheln lassen. Dann den Limettensaft, 1 TL Zucker und knapp 1 TL Salz unterrühren. Vom Herd nehmen und in ein sauberes Schraubglas füllen. Das Glas verschließen und abkühlen lassen. Die Zwiebeln mindestens über Nacht im Sud ziehen lassen. Sie halten sich, verschlossen und kühl gelagert, mehrere Monate.

7

PETERSILIEN-BULGURSALAT
Tabbouleh

50 g feiner Bulgur (s. Tipp)
3 Tomaten
5 Frühlingszwiebeln
3–4 Bund Petersilie (ca. 200 g)
3 Zweige Minze
5–6 EL Zitronensaft
4–5 EL Olivenöl
Salz – Pfeffer
1 kleiner Romana-Salat (nach Belieben)

1. Den Bulgur 10–15 Minuten in reichlich kaltem Wasser einweichen, anschließend in ein Sieb abgießen und unter kaltem Wasser abspülen.

2. Währenddessen Tomaten waschen und halbieren, dabei den Stielansatz entfernen, sehr fein würfeln und den Saft auffangen. Frühlingszwiebeln waschen, putzen und mit dem Grün in nicht zu feine Ringe schneiden. Petersilie und Minze waschen, gut trocken schütteln. Minzeblätter von den Stielen zupfen.

3. Die Petersilie samt Zweigen (nur sehr grobe wegschneiden) zu festen Büscheln zusammenfassen, gut festhalten und mit einem scharfen Messer von den Zweigen zu den Blattenden hin quer in feine Stücke schneiden, auf keinen Fall hacken, damit die Blätter nicht matschig werden. Minzeblätter übereinanderlegen und im Bündel fein schneiden.

4. Die Kräuter, Frühlingszwiebeln und Tomaten samt Saft mit dem Bulgur in eine Schüssel geben. 4–5 EL Zitronensaft und Öl verrühren und mit gut ½ TL Salz verrühren, pfeffern. Das Dressing mit den Salatzutaten mischen und mit Salz, Pfeffer und eventuell nochmals Zitronensaft abschmecken. Nach Wunsch den Romanasalat in einzelne Blätter teilen, diese waschen und gut trocken tupfen. Den Salat in die gewölbte Seite der Blätter füllen und so bereitstellen.

8

GEGRILLTER
Auberginensalat

4 große Auberginen
2 Knoblauchzehen – Salz
⅓ Bund Petersilie
2 Zweige Basilikum
2 Zweige Minze
2 EL Zitronensaft – Pfeffer
2 Msp. Chilipulver (nach Belieben)
5–6 EL Olivenöl

1. Den Backofengrill erhitzen und ein Backblech mit Alufolie auslegen. Die Auberginen lediglich waschen und mit einem spitzen Messer mehrmals ringsum tief einstechen (ansonsten könnten sie in der Hitze des Ofens „explodieren"). Die Auberginen auf das Blech legen und unter dem Grill (oben) 45–60 Minuten grillen, dabei nach jeweils 15–20 Minuten wenden, sodass sie ringsum fast anbrennen – am Ende sollte das Innere ganz weich sein, die Schale eingefallen und trocken wirken.

2. Die Auberginen auskühlen lassen, dann längs aufschneiden und das Fruchtfleisch mit einem Löffel herauslösen. In ein Sieb geben und etwa 30 Minuten abtropfen lassen.

3. Den Knoblauch schälen, fein hacken, dann zusammen mit 1 Prise Salz fein zermusen. Die Kräuter waschen, trocken schütteln, Blättchen abzupfen fein hacken. Knoblauch mit Zitronensaft mischen, kräftig mit Salz, Pfeffer und Chili würzen, das Öl unterschlagen. Das Dressing mit Kräutern und Auberginenfleisch mischen und 30–60 Minuten ziehen lassen.

Tipp

Feinen Bulgur bekommt man im türkischen Lebensmittelgeschäft; er muss nur kurz eingeweicht und nicht gegart werden.

9

BABA GANOUSH
mit Joghurt

3 große Auberginen

2 Knoblauchzehen

2 EL Tahin (s. S. 125)

4–5 EL Zitronensaft

2 EL Olivenöl plus etwas mehr Olivenöl zum Beträufeln

150 g griechischer Joghurt (10 % Fett)

1 ½ TL gemahlener Kreuzkümmel
Salz – Pfeffer

2 EL gehackte Petersilie (nach Belieben)

2 EL Pinienkerne (nach Belieben)

1. Die Auberginen wie auf S.132 beschrieben im Ofen grillen und abkühlen lassen, Fruchtfleisch mit einem Löffel aus der Haut lösen und etwa 30–60 Minuten in einem Sieb abtropfen lassen. Etwa die Hälfte davon klein zerschneiden, den Rest in ein Mixgefäß geben.

2. Den Knoblauch schälen und fein hacken. Mit dem Tahin zum Auberginenfleisch in das Mixgefäß geben. 4 EL Zitronensaft, 2 EL Olivenöl und 2 EL Joghurt zugeben und alles fein pürieren, dann das restliche Joghurt sowie das klein geschnittene Auberginenfruchtfleisch unterrühren und mit Kreuzkümmel, Salz, Pfeffer und eventuell übrigem Zitronensaft verrühren. In eine flache Schale füllen, glatt streichen und nach Wunsch mit Petersilie und Pinienkernen (diese eventuell vorher in einer Pfanne ohne Fett goldbraun rösten) bestreuen und nach Belieben mit Olivenöl beträufeln.

CAFÉ

Tel Aviv

DIE SÜSSE SEITE DER LEVANTE

CAFÉ
Tel Aviv

Tee oder Kaffee? Im Nahen Osten darf es beides sein. Stark gesüßter Schwarz- oder Minztee ist in vielen Regionen ebenso verbreitet wie Kaffee, der häufig wie türkischer Mokka ebenfalls stark gesüßt und mit Kardamom gewürzt wird. Bei einer oder eher mehreren Tassen Kaffee oder Tee werden Geschäfte abgeschlossen, Politik verhandelt oder einfach nur geplaudert. Dazu gehört dann im Regelfall immer etwas kleines Süßes, das die Herbheit des Getränks neutralisiert. Auch zu Hause wird jedem Gast zuerst einmal Kaffee oder Tee mit etwas Gebäck oder Konfekt serviert. Das Angebot an Süßigkeiten und Desserts ist vielfältig; häufig sirupgetränkt, mit Rosen- oder Orangenblütenwasser aromatisiert, mit viel Nüssen und süßen Datteln zubereitet. In Israel gesellt sich zu dem typischen orientalischen Nasch- und Backwerk vieles aus der Backtradition europäischer Juden, wie etwa Challah (Hefezopf) oder gefüllte Hefekränze und Rugelach (gefüllte Hörnchen).

Auch bei mir darf bei keiner Einladung, bei keinem Fest etwas Süßes fehlen – egal ob als traditioneller Dessertabschluss oder als Krönung inmitten eines herzhaften Buffets. Da viele der typischen Süßigkeiten für unseren Gaumen doch eher etwas zuckerlastig sind, gibt es bei uns immer auch noch die Obstalternative: frisch aufgeschnittenes Obst (besonders passend z. B. Melonen, ausgelöste Granatapfelkerne, Feigen und Datteln – auch getrocknet) oder zum Obstsalat angemachtes Obst. Das passt prima zu süßen Krapfen, Grießkuchen oder Reispudding und erfrischt zuckergelähmte Gaumen. Trotzdem lohnt es, die orientalisch süßen Sünden einmal zu probieren – und wer Gefallen daran findet, kann beim türkischen Lebensmittelgeschäft oder Bäcker nachrüsten: Baklava und andere sirupgetränkte Spezialitäten, Halva (eine Art Nougat aus Sesam) oder Lokum (türkisches Konfekt) passen auch wunderbar.

Was noch dazu passt

Frisches Obst (z. B. Melonen, ausgelöste Granatapfelkerne, Feigen und Datteln – auch getrocknet) | Mandeln, Walnüsse und Pistazien zum Knabbern | Halva, Baklava | Kaffee (Mokka) und (türkischer) Schwarztee

BAKLAVA

Das mit viel Zuckersirup getränkte Gebäck aus Filo-Blätterteig mit Nüssen und Pistazien findet man in unterschiedlichsten Formen und Varianten im ganzen Nahen Osten. Süß, klebrig und unwiderstehlich.

ROSEN- UND ORANGENBLÜTENWASSER

Mit den beiden duftigen Wässerchen werden im Orient vor allem Süßspeisen und Gebäck für besondere Anlässe aromatisiert. Beides gibt es im Bioladen oder in der Apotheke zu kaufen.

HALVA

Genau wie Tahin wird Halva auf Basis von zermahlenem Sesam hergestellt. Mit Zucker oder Honig verarbeitet und mit Nüssen, Schokolade oder Pistazien verfeinert, wird sie in kleine Stücke geschnitten und gerne zu Kaffee gereicht.

1

KRAPFEN IN SIRUP

Zalabia

Für den Sirup:

350 g Zucker

2 EL Zitronensaft

2–3 EL Orangenblütenwasser

Für die Krapfen:

1 Päckchen Trockenhefe

350 g Mehl

Salz

1 TL gemahlener Anis

¼ TL gemahlener Zimt

2 EL Olivenöl

Öl zum Frittieren

1. Vom Zucker 2 EL abnehmen und beiseitestellen. Den restlichen Zucker mit 400 ml Wasser in einen Topf geben. Unter Rühren aufkochen und 10–15 Minuten unter gelegentlichem Rühren bei mittlerer Hitze um gut ein Drittel zu einem Zuckersirup einkochen. Zitronensaft unterrühren kurz mitkochen, dann vom Herd nehmen und abkühlen lassen. Das Orangenblütenwasser unter den abgekühlten Sirup rühren.

2. Währenddessen 1 TL des beseitegestellten Zuckers abnehmen und mit der Hefe und 100 ml lauwarmem Wasser verrühren. Zugedeckt etwa 10 Minuten stehen lassen, bis die Hefe zu arbeiten beginnt. Inzwischen das Mehl mit dem übrigem Zucker, 2 Prisen Salz, Anis und Zimt in einer Rührschüssel mischen. Den Hefeansatz dazugeben, 120 ml lauwarmes Wasser mit Olivenöl mischen und ebenfalls dazugeben. Alles mit den Knethaken des Handrührgeräts auf kleiner Stufe 5 Minuten langsam zusammenkneten. Sobald sich alles verbunden hat, auf höchster Stufe 5–10 Minuten kneten, bis der Teig weich, flaumig und eher klebrig-weich ist.

3. Den Teig in eine leicht mit Mehl ausgestäubte Schüssel geben und, mit einem sauberen, eventuell leicht angefeuchteten Tuch abgedeckt, etwa 45 Minuten an einem warmen Ort gehen lassen. Dann nochmals gründlich von Hand auf einer leicht bemehlten Arbeitsfläche durchkneten und weitere 30 Minuten gehen lassen. Anschließend aus dem Teig kleine, etwas mehr als walnussgroße Bällchen formen. Mit einem Tuch abdecken und nochmals etwa 10 Minuten gehen lassen.

4. Währenddessen in einem Topf oder der Fritteuse das Öl erhitzen (ca. 180 °C). Um zu testen, ob das Öl heiß genug ist, hält man einen hölzernen Kochlöffelstiel ins heiße Fett. Steigen daran sprudelnd kleine Perlen auf, hat es die richtige Temperatur. Die Bällchen im heißen Öl portionsweise 3–4 Minuten knusprig braun backen, dabei mit dem Schöpflöffel einmal wenden. Herausnehmen und auf Küchenpapier abtropfen lassen. Die noch warmen Bällchen mit dem Sirup übergießen (oder sie einzeln kurz hineintauchen) und sofort servieren.

Tipp

Die Bällchen schmecken übrigens auch hervorragend mit Honig oder Ahornsirup beträufelt oder noch warm in Zimtzucker gewälzt. Sie werden auch gerne lauwarm zum Frühstück mit Marmelade, Honig und cremigem Labneh (s. S. 88) gegessen.

2 LEVANTINISCHER KÄSEKUCHEN

Knafeh

300 g Zucker

1 Bio-Zitrone

450 g Kadayif-Teig (s. Tipp)

180 g Butter

500 g Ricotta

300 g cremiger Ziegenfrischkäse

150 g Pistazienkerne

1. Für den Sirup 250 g Zucker mit 250 ml Wasser in einem Topf zum Kochen bringen, bis sich der Zucker aufgelöst hat. Offen bei großer Hitze 5 Minuten kochen lassen. Zitrone heiß waschen, Schale und Saft unter den Sirup mischen, vom Herd nehmen und abkühlen lassen.

2. Den Kadayif-Teig in eine große Schüssel geben und in 2–3 cm lange Stücke brechen oder mit einer Schere schneiden. Von der Butter etwas abnehmen und eine Tarteform (Ø 28–30 cm) damit ausstreichen. Die restliche Butter schmelzen. Leicht abkühlen lassen, dann über den Teig gießen. Die flüssige Butter mit dem Teig vermischen, bis dieser die Butter vollständig aufgenommen hat – er sollte überall feucht und deutlich weicher sein.

3. Den Backofen auf 200 °C (Ober-/Unterhitze) vorheizen. Die Hälfte des Teiges in die Form füllen und mit angefeuchteten Händen gut festdrücken. Ricotta, Ziegenfrischkäse und restlichen Zucker glatt verrühren. Die Käsecreme gleichmäßig auf dem Teig verteilen. Übrigen Teig daraufgeben und vorsichtig festdrücken, darauf achten, dass die Füllung gut bedeckt ist und nicht nach oben durchquillt.

4. Im heißen Ofen (Mitte) etwa 20–25 Minuten backen, bis die Teigfäden goldbraun sind. Die Pistazien hacken. Kuchen herausnehmen und 5 Minuten abkühlen lassen. Dann den Sirup langsam darübergießen, bis er eingezogen ist. Mit Pistazien bestreuen und warm servieren.

3 REIS-MANDEL-PUDDING

Malabi

50 g Reismehl

700 ml Milch

100 g Zucker

100 g gemahlene, geschälte Mandeln

1 EL Orangenblüten- oder Rosenwasser

½ Granatapfel

30 g ungesalzene Pistazienkerne

1. Mehl mit 100 ml kalter Milch in einem Topf mit dem Schneebesen glatt und klümpchenfrei rühren. Die übrige Milch mit dem Zucker unter Rühren zum Kochen bringen. Vom Herd nehmen und die Reismehlmilch langsam unter ständigem Rühren zu der heißen Milch geben.

2. Den Topf wieder auf den Herd stellen und die Milch unter Rühren bei mittlerer Hitze offen 4–5 Minuten köcheln lassen, bis die Creme schön angedickt ist. Mandeln und Orangenblüten- oder Rosenwasser unterrühren und vom Herd nehmen. In 4–6 kleine Portionsförmchen oder Gläser füllen. Jeweils etwas Frischhaltefolie direkt auf den Pudding legen, damit sich keine Haut bilden kann, und ihn so abkühlen lassen. Im Kühlschrank 5–6 Stunden durchkühlen und fest werden lassen.

3. Vor dem Servieren die Kerne aus dem Granatapfel herausbrechen, Pistazien grob hacken. Beides auf den Pudding geben und servieren.

Tipp

„Engelshaarteig" (griechisch „Kadaifi" oder türkisch „Kadayif") findet man frisch oder tiefgefroren in türkischen und griechischen Lebensmittelgeschäften. Die feinen Fäden werden traditionell für vielerlei orientalisches Gebäck verwendet.

3
2

4 RUGELACH *mit Feigenfüllung*

200 g weiche Butter
200 g Doppelrahmfrischkäse – Salz
1 Eigelb (Größe M)
250 g Mehl
180 g getrocknete Soft-Feigen
2 EL (Bitter-)Orangenmarmelade
1 EL Zitronensaft
Saft von 1 Orange
100 g Walnusskerne
5 EL Rohrohrzucker
½ TL gemahlener Zimt
1 Eigelb

1. Für den Teig die Butter klein schneiden und mit Frischkäse, ¼ TL Salz, Eigelb und Mehl in eine Rührschüssel geben. Mit den Knethaken des Handrührgeräts zu einem glatten Teig verarbeiten, dabei nicht zu lange kneten, sonst wird er zäh. Den Teig zu einer Kugel formen, in Frischhaltefolie wickeln und 4 Stunden im Kühlschrank ruhen lassen.

2. Für die Füllung Feigen grob hacken. Mit Marmelade und so viel Zitronen- und Orangensaft pürieren, dass eine streichfähige Masse entsteht. Walnüsse in einer Pfanne ohne Fett kurz rösten, abkühlen lassen. Danach im Blitzhacker mit 4 EL Zucker und Zimt grob hacken.

3. Den gekühlten Teig halbieren. Die beiden Hälften nacheinander auf einer bemehlten Arbeitsfläche zu einem etwa 3–4 mm dünnen Kreis ausrollen. Die Hälfte der Feigenpaste jeweils bis zum Rand darauf verteilen, die Hälfte der Walnuss-Zucker-Brösel darüberstreuen. Die Füllung sollte in der Mitte des Kreises nicht zu dick sein, sonst fällt sie beim Rollen heraus.

4. Die Teigkreise gleichmäßig so diagonal durchschneiden, dass jeweils 12 gleich große Stücke entstehen. Die Dreiecke nun von außen nach innen fest aufrollen und leicht andrücken. Die Röllchen nun mit dem offenen Zipfel nach unten auf mit Backpapier ausgelegte Bleche legen und 30 Minuten im Kühlen ruhen lassen.

5. Den Backofen auf 180 °C (Ober-/Unterhitze) vorheizen. Das Eigelb mit 1 EL Wasser verquirlen, die Röllchen damit bestreichen und sofort mit übrigem Zucker bestreuen. Im heißen Ofen (Mitte) 20–25 Minuten goldbraun backen. Herausnehmen, erst auf dem Blech, dann auf einem Backgitter vollständig auskühlen lassen.

5 SESAM-*Gewürz-Krokant*

90 g heller Sesam
30 g schwarzer Sesam
25 g Berberitzen (s. S. 33)
½ TL neutrales Öl
⅓ TL Lebkuchengewürz
120 g Zucker

1. Sesam in einer Pfanne ohne Fett rösten, bis der helle Sesam leicht bräunt, dann herausnehmen und abkühlen lassen. Die Berberitzen grob hacken. Backpapier auf der Arbeitsfläche auslegen (ca. 35 x 35 cm) und dünn mit Öl bepinseln.

2. Den abgekühlten Sesam und die Berberitzen mit dem Lebkuchengewürz mischen. Den Zucker in einer beschichten Pfanne schmelzen und karamellisieren. Vom Herd nehmen, dann die Sesam-Berberitzen-Mischung zugeben und sehr zügig mit einem Holzlöffel unter den Karamell rühren, da er sofort hart wird.

3. Den weichen Karamell schnell auf das geölte Backpapier geben und mit einem leicht mit Öl benetzten Löffel platt drücken, dann ein zweites Backpapier auflegen und mit einer Backrolle gleichmäßig dünn ausrollen. Abkühlen und hart werden lassen, dann in Stücke brechen. Am besten in einer Metalldose aufbewahren.

4
5

6

GRIESSKUCHEN MIT ORANGENSIRUP

Basbusa

8 Bio-Orangen

1 Bio-Zitrone

500 g Zucker

4 grüne Kardamomkapseln

150 g Butter

500 g Joghurt (3,5 % Fett)

5 Eier (Größe M)

400 g Hartweizengrieß

100 g gemahlene, geschälte Mandeln

1 Päckchen Backpulver

1 TL gemahlener Zimt – Salz

1. Die Orangen und Zitronen heiß waschen, abtrocknen. Von 1 Orange und 1 Zitrone je 2 Streifen Schale dünn abziehen. Von einer zweiten Orange die Schale fein abreiben. Den Saft aller Orangen und Zitronen getrennt auspressen. 500 ml Orangensaft abmessen, mit 200 ml Wasser, Orangen- und Zitronenschalenstreifen und 400 g Zucker in einen Topf geben. Die Kardamomkapseln anquetschen und dazugeben. Alles unter Rühren zum Kochen bringen, bis der Zucker sich gelöst hat. Dann bei großer Hitze offen 10 Minuten einkochen lassen. Zitronensaft zugeben, weitere 2–3 Minuten kochen lassen, dann vom Herd nehmen.

2. Den Backofen auf 180 °C (Ober-/Unterhitze) vorheizen. Die Butter schmelzen lassen und eine quadratische Kuchenform (26 x 26 cm; ersatzweise eine runde Form mit Ø 28–30 cm) mit ein wenig davon innen einpinseln. Joghurt in eine Schüssel geben und mit dem übrigen Zucker, der fein geriebenen Orangenschale, der übrigen Butter und den Eiern gründlich verrühren. Den Grieß mit Mandeln, Backpulver, Zimt und 1 Prise Salz mischen, dann gründlich mit der Joghurt-Eier-Masse verrühren und in die Form füllen. Den Grieskuchen im heißen Ofen (Mitte) in 35–40 Minuten goldgelb backen.

3. Den Kuchen aus dem Ofen nehmen und 1–2 Minuten abkühlen lassen. Dann auf ein Kuchengitter stürzen und auf eine breitere Platte mit einem kleinen, höheren Rand setzen. Mehrmals mit einem Holzspießchen tief einstechen. Den Sirup durch ein feines Sieb langsam und gleichmäßig über den Kuchen gießen, bis er richtig schön durchtränkt ist. Den Kuchen abkühlen lassen und mindestens 1 Stunde durchziehen lassen. Dann in kleine Quadrate schneiden und servieren.

7

BUNTER

Obstsalat

3 feste Sharon (israelische Kaki)

1 Granatapfel

100 g kleine blaue Trauben

1 Apfel

2 EL Zitronensaft

2 Zweige Minze

60 g Pistazienkerne

2–3 EL flüssiger Honig

1. Die Sharonfrüchte längs vierteln, dabei den Stielansatz entfernen. Das Fruchtfleisch schälen und in Würfel schneiden. Den Granatapfel längs halbieren und die Kerne aus der Schale lösen – vorsichtig, es spritzt, und der Fruchtsaft färbt Holz und andere empfindliche Flächen. Die Trauben waschen, von den Stielen zupfen, nach Wunsch und Größe halbieren und entkernen. Den Apfel schälen, vierteln, das Kerngehäuse entfernen. Die Viertel in Würfel schneiden und sofort in 1 TL Zitronensaft wenden, damit sie nicht braun werden.

2. Minze waschen, trocken schütteln, Blättchen abzupfen und grob zerschneiden. Pistazien grob hacken. Zitronensaft und Honig glatt verrühren und mit dem Obst mischen. Einen Teil der Minzeblättchen unterheben, den Rest mit den Pistazien über den Fruchtsalat streuen.

7
6

8

HEFEZOPF
Challah

Für den Teig:

1 Würfel Hefe (ca. 42 g)
60 g Zucker
550 g Weizenmehl (Type 405)
Salz
6 EL Sonnenblumenöl
3 Eier (Größe M)

Zum Bestreichen:

1 Ei (Größe M)
Zucker – Salz
2 EL heller Sesam

1. Die Hefe in ein Schälchen bröckeln. Etwa 100 ml lauwarmes Wasser dazugeben, mit der Hefe und 1 TL Zucker in einem Schälchen verrühren und 10–15 Minuten an einem warmen Ort stehen lassen, bis die Hefe zu arbeiten beginnt. Währenddessen übrigen Zucker, Mehl und ¾ TL Salz in einer Rührschüssel mischen.

2. Den Hefeansatz mit 200 ml lauwarmem Wasser und dem Öl zum Mehl geben und alles in 5–6 Minuten mit den Knethaken des Handrührgeräts oder der Küchenmaschine auf kleiner Stufe zusammenkneten, dabei nacheinander die Eier zugeben. Dann weitere 5 Minuten auf höchster Stufe kneten, bis ein flaumiger, weicher Teig entstanden ist, gegebenenfalls noch etwas lauwarmes Wasser zugeben. Den Teig in eine Schüssel geben und an einem warmen Ort 30 Minuten gehen lassen.

3. Den Teig in 3 oder 6 (s. Tipp) gleich große bzw. gleich schwere Stücke teilen (am besten mit der Küchenwaage abwiegen). Jedes Teigstück auf wenig Mehl rund wirken; das heißt zu einer Kugel formen, leicht platt drücken, dann diesen Fladen von einer Seite nach innen schlagen, um 45° drehen, dann diese Seite nach innen schlagen, wieder um 45° drehen und die nächste Seite nach innen schlagen, und so weiter, bis eine runde Kugel entstanden ist. Diese wieder flach drücken und den Vorgang drei- bis viermal wiederholen. Zuletzt die drei gewirkten Teigkugeln zugedeckt 15 Minuten gehen lassen. Das Ei für die Glasur mit je 1 Prise Zucker und Salz verrühren.

4. Die Kugeln anschließend einzeln zu ca. 30 x 40 cm langen Rechtecken ausrollen und jeweils von der langen Seite her aufrollen. Die Teigstränge etwa 5 Minuten ruhen lassen, dann von Hand vorsichtig und gleichmäßig dick (auch an den Enden) zu etwa 40 cm langen Strängen rollen. Die Stränge ganz dünn mit Mehl überpudern und nebeneinanderlegen. Nun, von der Mitte her beginnend, zu einem Zopf flechten. Die offenen Enden leicht nach unten ineinanderdrücken. Den Zopf auf ein mit Backpapier ausgelegtes Blech legen, mit etwas Ei bepinseln und nochmals 15–20 Minuten ruhen lassen.

5. In der Zwischenzeit den Backofen auf 200 °C (Ober-/Unterhitze) vorheizen. Den Hefezopf nochmals mit der Eigelbmischung bepinseln, dann mit Sesam bestreuen und im heißen Ofen (Mitte) etwa 10–15 Minuten backen, bis er schön hell gebräunt ist, dann die Temperatur auf 180 °C reduzieren und weitere 25–30 Minuten goldbraun backen, sollte er gegen Ende bereits zu dunkel werden, eventuell mit Backpapier abdecken. Blech aus dem Ofen nehmen, den Zopf kurz abkühlen lassen und dann auf einem Kuchengitter vollständig auskühlen lassen.

Tipp

Wer es sich zutraut, flicht einen Zopf mit 6 Strängen, ansonsten einen einfachen mit 3 Strängen.

GRUND *Rezepte*

1 Granatapfel-Melasse

750 ml Granatapfelsaft (aus 5–6 Granatäpfeln)

80 g Zucker

3 EL frisch gepresster Zitronensaft

1. Zum Gewinnen des Granatapfelsafts die Granatäpfel oben keilförmig spitz zulaufend rund um den Stielansatz einschneiden und den Keil herauslösen. Am ausgeschnittenen Kreis links und rechts die Schale leicht einschneiden und den Granatapfel an diesen beiden Stellen mit den Fingern in zwei Hälften aufbrechen. Nun die Kerne vorsichtig zwischen den Trennwänden herauslösen – Achtung, es spritzt sehr und der Saft kann auf Holzflächen Flecken hinterlassen!

2. Die Kerne im Entsafter entsaften oder im (Hochleistungs-)Blender zerkleinern – in letzterem Fall durch ein feines Sieb streichen. Den Saft mit Zucker und Zitronensaft in einem Topf unter Rühren zum Kochen bringen. Dann bei kleiner Hitze 1 Stunde bis 1 Stunde 15 Minuten offen köcheln lassen, bis der Saft merklich eindickt und leicht bräunlich wird, dabei in regelmäßigen Abständen (alle 10–15 Minuten) gründlich umrühren.

3. Der Sirup ist perfekt, wenn er um mehr als die Hälfte dick eingekocht ist und sich auf der runden Seiten eines Löffels, den man hineintaucht, ein dicker Film bildet, der nur langsam herunterläuft. In eine saubere, verschließbare Glasflasche füllen und verschließen. So hält sich die Melasse mehrere Monate.

Tipp

Granatapfelmelasse selber einkochen ist nicht schwierig, aber zeitaufwendig. Man bekommt sie (mit etwas Suchen) relativ preiswert als Fertigprodukt in türkischen oder orientalischen Lebensmittelgeschäften.

2 Salzzitronen

6 möglichst kleine, dünnschalige Bio-Zitronen

200 g grobes Meersalz

1. Die Zitronen heiß abwaschen und über Nacht in einer Schüssel Wasser abgedeckt stehen lassen. Am nächsten Tag abtrocken und die Früchte jeweils an den beiden Enden kreuzweise zwar tief, aber so einschneiden, dass sie noch zusammenhalten. In die Einschnitte jeweils knapp 1 TL Salz verteilen. Die Zitronen in einem großen Bügelglas einschichten.

2. Das übrige Salz mit 1 l Wasser in einen Topf geben, aufkochen und unter Rühren kochen, bis sich das Salz vollständig aufgelöst hat. Das Wasser kochend heiß über die Zitronen gießen, sodass sie vollständig bedeckt sind. Das Glas verschließen und die Zitronen im Salzwasser mindestens 1 Woche an einem kühlen, dunklen Ort ziehen lassen. Dabei das Glas ein- bis zweimal täglich rütteln, damit die Zitronen von allen Seiten mit Wasser bedeckt sind. Danach nochmals 3–4 Wochen ziehen lassen. Sie halten sich so gut 4–6 Monate.

3 Zatar

4 EL heller Sesam

3 EL Sumach (s. S. 33)

1 EL getrockneter Oregano

1 EL getrockneter Thymian

½ TL grobes Meersalz

Den Sesam in einer Pfanne ohne Fett leicht braun rösten, dann herausnehmen und abkühlen lassen. Anschließend mit Sumach, Oregano, Thymian und Meersalz im Mörser nicht zu fein verreiben. In einem dunklen Schraubglas aufbewahren.

4 BAHARAT

12 grüne Kardamomkapseln
2 EL schwarze Pfefferkörner
1 TL Korianderkörner
1 ½ TL gemahlener Kreuzkümmel
¾ TL gemahlener Zimt
5 Msp. gemahlene Muskatnuss
2 ½ EL edelsüßes Paprikapulver
3 Msp. Chilipulver

Die schwarzen Kardamomsamen aus den grünen Samenkapseln lösen. Pfeffer, Koriander und Kreuzkümmel in einer Pfanne ohne Fett rösten, bis sie duften. Abkühlen lassen und mit dem Kardamom im Mörser fein zermahlen. Mit den übrigen Gewürzen mischen und in einem dunklen Schraubglas aufbewahren.

Tipp

Baharat wird ähnlich wie Currymischungen in Indien je nach Gericht oder Region unterschiedlich zusammenstellt; unsere aus den wesentlichen Grundbestandteilen zusammengestellte Mischung passt perfekt zu Fleisch.

5 DUKKAH

100 g Haselnusskerne
2 EL heller Sesam
1 ½ EL Kreuzkümmelsamen
1 TL Fenchelsamen
3 EL Korianderkörner
1 EL schwarze Pfefferkörner
1 TL edelsüßes Paprikapulver
¾ TL (Meer-)Salz

1. Den Backofen auf 200 °C (Ober-/Unterhitze) vorheizen. Haselnüsse auf ein Blech geben und im heißen Ofen ca. 10 Minuten rösten. Anschließend abkühlen lassen, dann auf ein sauberes Geschirrtuch geben, dieses um die Nüsse zu einem Beutel drehen und die Nüsse darin fest gegeneinander reiben – so lösen sich die braunen Häute. Währenddessen nacheinander Sesam und Gewürze in einem beschichteten Pfännchen rösten, bis sie duften. Dabei aufpassen, damit sie nicht verbrennen und nicht unbedingt alles auf einmal rösten, da die Röstzeiten der einzelnen Gewürze unterschiedlich sind. Abkühlen lassen.

2. Die Gewürze und Sesam im Mörser nicht zu fein zerdrücken und mit Paprikapulver mischen, dann die Haselnüsse im Blitzhacker nicht zu fein, eher grob mahlen und ebenfalls mit den Gewürzen mischen.

Tipp

Dukkah ist ursprünglich eine ägyptische Gewürzmischung mit Nüssen und Saaten (Sesam). Sie wird gerne als kleine Vorspeise in Schälchen zusammen mit einem Schälchen Olivenöl gereicht. Dazu gibt es Brot und Rohkost, das beides erst in Öl und dann in die Gewürzmischung gedippt wird.

REGISTER

F

G

H

I

J

K

L

M

N

O

P

R

S

T

W

Y

Z

ÜBER DIE AUTORIN

TANJA DUSY fühlt sich am wohlsten, wenn es in der Küche rundgeht. Sie schreibt seit 20 Jahren erfolgreich Kochbücher und war lange Zeit als Redakteurin tätig. Als Küchenprofi entwickelt sie Rezepte, die nicht nur verlässlich gelingen, sondern auch das besondere Etwas haben.

ÜBER DIE FOTOGRAFINNEN

MARIA PANZER findet man meist mit einem Stückchen Kuchen in der einen Hand und ihrer Kamera in der anderen. Als studierte Ernährungswissenschaftlerin hat sie ihre Berufung zum Beruf gemacht und arbeitet als freie Foodfotografin für namhafte Marken und Verlage.

SABRINA SUE DANIELS arbeitet als Fotografin und Foodstylistin. Auf ihrem Blog www.sabrinasue.de und in ihren Büchern „Supersnacks & Powerfood", „Mittagsglück im Glas" und „Glutenfrei backen" zeigt sie neben vegetarischen auch vegane Leckereien, glutenfreie Kompositionen und weitere Köstlichkeiten, die Lust auf mehr machen!

NOCH MEHR GENUSS

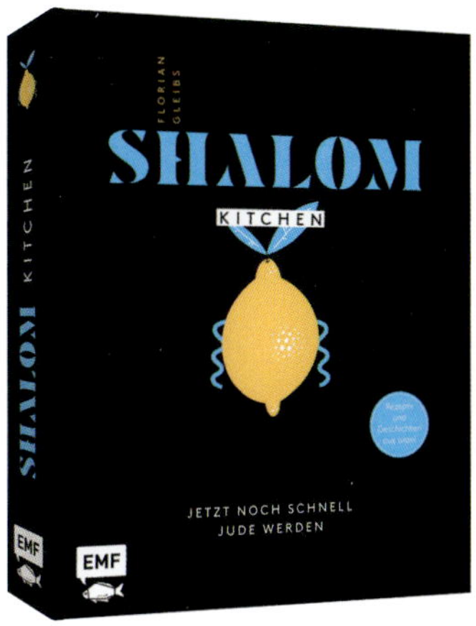

Shalom Kitchen – Jetzt noch schnell Jude werden
Levante-Rezepte und Geschichten aus Israel

45,00 € (DE) / 46,30 € (AT)
ISBN: 978-3-74**59-1210**-4

Hayati – Syrische Heimatküche
Eine kulinarische Reise durch den Orient

29,99 € (DE) / 30,90 € (AT)
ISBN: 978-3-863**55-837-**6

Buddha Bowls – Levante
Über 50 Rezepte mit orientalischen Gewürzen und Aromen

18,00 € (DE) / 18,50 € (AT)
ISBN: 978-3-74**59-0113**-9

Bali – Das Kochbuch
80 authentische Rezepte von klassisch-indonesisch bis modern

30,00 € (DE) / 30,90 € (AT)
ISBN: 978-3-960**93-860-**6

IMPRESSUM

Bibliografische Information der Deutschen Bibliothek.

Die Deutsche Bibliothek verzeichnet diese Publikation in der Deutschen Nationalbibliografie.

Detaillierte bibliografische Daten sind im Internet über http://www.dnb.de/ abrufbar.

EIN BUCH DER EDITION MICHAEL FISCHER

1. Auflage 2023

Covergestaltung: Zoe Mitterhuber
Layout: Pia von Miller, Yvonne Witzan, Zoe Mitterhuber
Satz: Yvonne Witzan, Zoe Mitterhuber
Redaktion und Lektorat: Alexandra Baier, Andrea Flor
Produktmanagement: Alexandra Baier, Christiane Manz, Andrea Flor
Foodstyling und Fotos: alle © Maria Panzer, Offenburg außer Cover & S. 44–55: © Sabrina Sue Daniels, Frankfurt am Main

Weitere Fotos: S. 4: © Pikoso.kz/Shutterstock; S. 9: © Luke Michael/Unsplash; S. 19, 103: © Victoria Tori Dim/Shutterstock; S. 19: © Nina Abdel Malak/Unsplash, © Alex Block/Unsplash; S. 33, 73: © HelgaBragina/Shutterstock; S. 33: © ziashusha/Shutterstock, © Ingrid Balabanova/Shutterstock, © Karen Meyer/Unsplash; S. 47: © Chen Mizrach/Unsplash, © Christopher Kuzman/Unsplash, Despina Galani/Unsplash, © Inbal Cohen/Unsplash; S. 59, 85: © Toa Heftiba/Unsplash; S. 59: © Charbel Boujaoude/Shutterstock, © LaraP/Shutterstock, © Ihor Saveliev/Unsplash; S. 73: © Adrienne Leonard/Unsplash, © Ramy Kabalan/Unsplash; S. 85: © Inna Reznik/Shutterstock, © GotovyyStock/Shutterstock, © Beyond the Road Prod/Shutterstock; S. 103: © John T/Unsplash, © Dan Freeman/Unsplash, © Radachynskyi Serhii/Shutterstock; S. 115: © diy13/Shutterstock, © Roxanne Desgagnés/Unsplash, © Ben Ostrower/Unsplash, © Stefania Crudeli/Unsplash; S. 125, 137: Josh Appel/Unsplash; S. 125: © Robert Bye/Unsplash, © Max Libertine/Unsplash, © Agnieszka Kowalczyk/Unsplash; S. 137: © Elisheva Gohar/Unsplash, © Seva_blsv/Shutterstock, S. 157: © Pavel Nekoranec/Unsplash

ISBN 978-3-7459-1904-2

Gedruckt bei Polygraf Print, Čapajevova 44, 08001 Prešov, Slowakei

www.emf-verlag.de